Katharina Lorber

Erziehung und Bildung von Kleinstkindern

Geschichte und Konzepte

Diplomica® Verlag GmbH

Lorber, Katharina: Erziehung und Bildung von Kleinstkindern. Geschichte und Konzepte, Hamburg, Diplomica Verlag GmbH 2008

ISBN: 978-3-8366-6873-6
Druck: Diplomica® Verlag GmbH, Hamburg, 2008
Umschlaggestaltung: Diplomica® Verlag GmbH

Bibliografische Information der Deutschen Bibliothek
Die Deutsche Bibliothek verzeichnet diese Publikation in der Deutschen
Nationalbibliografie;
detaillierte bibliografische Daten sind im Internet über
<http://dnb.ddb.de> abrufbar.

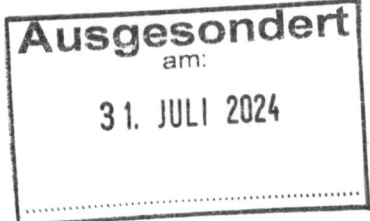
© Diplomica Verlag GmbH
http://www.diplomica.de, Hamburg 2008
Printed in Germany

Eure Kinder, sind nicht euer Besitz

Eure Kinder, sind nicht euer Besitz.
Sie sind die Söhne und Töchter der
Sehnsucht des Lebens nach sich selbst.
Sie kommen durch euch, aber nicht
von euch. Ihr könnt Ihnen eure Liebe
geben, aber nicht eure Gedanken,
denn sie haben ihre eigenen Gedanken.
Ihr könnt ihren Körpern ein zuhause
geben, aber nicht ihren Seelen, denn
ihre Seelen wohnen in dem Haus
von morgen, das ihr nicht besuchen könnt,
nicht einmal in euren Träumen.
Wenn ihr wollt, könnt ihr euch
bemühen zu werden wie sie, aber
ihr dürft sie nicht dahin bringen
Wollen zu werden wie ihr, denn
das Leben geht nicht rückwärts und
hält sich nicht auf beim Gestern.

Chalil Dschibran

Inhaltsverzeichnis

1. Einleitung

Dieses Buch beschäftigt sich mit der Frage, auf welcher konzeptionellen Basis öffentliche Kinderbetreuungseinrichtungen in Deutschland Bildung und Erziehung von Kindern unter drei Jahren verwirklichen.

In Deutschland werden die Einrichtungen der öffentlichen Kinderbetreuung als Krippen bezeichnet, die ausschließlich Säuglinge und Kleinstkinder (null bis drei Jahre) betreuen. Kinder im Krippenalter werden außerdem seit einiger Zeit auch in Kindergärten aufgenommen. Diese Entwicklung ist auf die immer wieder aktuelle Diskussion um den Ausbau von Betreuungsplätzen für unter dreijährige Kinder zurückzuführen. Dabei werden unterschiedliche Bereiche des Lebens und der Gesellschaft angesprochen: dem ersten Schwerpunkt bilden Familienplanung, Verteilung von Familienarbeit auf die Elternteile, Erwerbsarbeit von Frauen und Familienkonzepte; wirtschaftliche Zwänge in den Familien aber auch die Forderung der Gesellschaft nach mehr und besser ausgebildeten Kindern und der Sicherung des Standortfaktors „Bildung".

Seit der Einführung des gesetzlichen Anspruches auf einen Kindergartenplatz hat sich die Bedeutung institutioneller Kinderbetreuung verändert. In welchen historischen und gesellschaftlichen Zusammenhängen diese Veränderung stattgefunden hat, wird deswegen ausführlich im zweiten Kapitel beschrieben. Am Beispiel der Verknüpfung der Rolle der Frau in der Gesellschaft mit der Entwicklung frühkindlicher Betreuungseinrichtungen wird dabei deutlich, wie gesellschaftliche und politische Entwicklungen bis in die Gegenwart hineinwirken. Der Vergleich der unterschiedlichen Entwicklungen in DDR und BRD lässt erahnen, wie sich politisches Interesse und gesellschaftliche Überzeugungen auf das Leben von Kindern und ihren Familien auswirken.

Meine persönliche Gegenwart als Mutter eines fast dreijährigen Sohnes und der Kontakt zu anderen Familien mit kleinen Kindern haben mich über die historische Bedeutung hinaus mit der Frage konfrontiert, wie öffentliche Kinderbetreuung den Bedürfnissen der Eltern, im besonderen Maße jedoch den Bedürfnissen der Kinder gerecht werden können. Deswegen werden in diesem Buch nicht die strukturellen Rahmenbedingungen untersucht, sondern pädagogische Konzepte auf ihr Verständnis von frühpädagogischer Qualität hin geprüft. Als ersten Schritt wird deswegen ein Bild vom Kind gezeichnet und dazu in Kapitel drei die Erkenntnisse der Entwicklungspsychologie, Soziologie und Pädagogik betrachtet. Das Kind wird im aktuellen wissenschaftlichen Diskurs als von Geburt an aktiver Gestalter seiner Entwicklung und seiner Bildung gesehen, das auf eine von Erwachsenen geschaffene Umwelt angewiesen ist, um seine Potentiale zu entfalten.

Im vierten Kapitel wird das zugrunde liegende Verständnis von Bildung, Erziehung und Lernen vorgestellt. Die drei zentralen pädagogischen Themen sind in vielen Punkten unmittelbar miteinander verbunden. Bildung verstanden als Selbstbildung wird nur möglich durch den von Erwachsenen geschaffenen Kontext eines Kindes. Dieser Kontext wird verstanden als Erziehung. Lernen in all seinen formalen, nonformalen und informellen Ausprägungen stellt die Basis für alle Bildungs- und Erziehungsbestrebungen dar.

Im fünften Kapitel werden verschiedene pädagogische Konzepte vorgestellt und auf ihre Entsprechung von Erziehungs- und Bildungsbedürfnissen von Kleinstkindern hin untersucht. Montessori-Pädagogik und Waldorf-Pädagogik sind Konzepte in reformpädagogischer Tradition. Darüber hinaus haben sowohl MONTESSORI als auch STEINER Erziehungsphilosophien entworfen, die ihre Ansätze in einen übergreifenden weltanschaulichen Zusammenhang bringen. Reggio-Pädagogik und Situationsansatz können als Erziehungskonzepte für eine „Erziehung nach Auschwitz" gesehen werden, die sich an Gemeinschaft, Kommunikation, dem Wert des Einzelnen und der Integration von Menschen mit Migrationshintergrund oder Behinderung orientieren. Bewegungspädagogik und Waldkindergarten sind Konzepte die als Gegenentwurf zu einer durch Technik und Globalisierung geprägten kindlichen Lebenswelt verstanden werden können. Emmi Piklers „Lóczy-Modell" basiert auf Erkenntnissen der Bewegungsentwicklung von Kleinstkindern.

Das Lóczy-Modell und die Reggio-Pädagogik werden detailliert dargestellt und die Beschreibung mit einem Hospitationsbericht ergänzt. Diese beiden Konzepte wurden genauer untersucht, da sich ihre Theoriebildung und die sich daraus ergebende Praxis explizit mit den Bildungs- und Erziehungsansprüchen von Kleinstkindern auseinandersetzen. Die Hospitationsberichte sollen verdeutlichen, in welcher Weise beide Konzepte im Rahmen einer öffentlichen deutscher Kindertageseinrichtung umgesetzt werden können.

Ziel dieses Buches ist es, einen Beitrag zur Diskussion der öffentlichen Betreuung von Kindern unter drei Jahren zu leisten. In Anerkennung der historischen und gesellschaftlichen Entwicklung soll das Verständnis frühpädagogischer Qualität nicht auf die Rahmenbedingungen beschränkt bleiben, sondern der Blick auf die theoretischen und praktischen Gestaltungsmöglichkeiten einer „Bildung von Geburt an" gelenkt werden.

2. Kleinstkinderbetreuung im Wandel der Zeit

Der historische Rückblick soll deutlich machen, in welchen gesellschaftlichen Entwicklungs-rahmen die Betreuung von Kleinstkindern einzuordnen ist. Er bietet die Grundlage für den Ausblick auf die aktuellen Themen einer Diskussion um die Betreuung, Bildung und Erzie-hung für die Jüngsten.

Institutionelle Kleinstkinderbetreuung wurde in der Vergangenheit stets von einem sozialpä-dagogischen Doppelmotiv, wie REYER & KLEINE (1997, S.10) es nennen, angetrieben. Der Haushaltsbezug und die Notwendigkeit (und heute die „Wahlfreiheit") der Mütter zum Lebensunterhalt beizutragen, bleiben bis in unsere Zeit dem Kindbezug, den physischen und psychischen Bedürfnissen der Kinder, übergeordnet. Die Entstehung dieses Doppelmotivs ist auf Veränderungen in den familiären und gesellschaftlichen Strukturen zurückzuführen, die sich insbesondere auf die Lebenssituation von Frauen ausgewirkt haben.

Die Verknüpfungspunkte von Kinderbetreuung und Frauengeschichte werden im ersten Abschnitt dieses Kapitels dargestellt. Anschließend wird die Entwicklung der Krippe durch die vergangenen drei Jahrhunderte nachgezeichnet. Der Schwerpunkt dieser historischen Betrachtung liegt auf der gesamtgesellschaftlichen Rezeption dieser Einrichtung sowie auf der konzeptionellen Ausrichtung der Krippe. Abschließend wird die Betreuungslandschaft für Kinder unter drei Jahren in Deutschland seit der Wiedervereinigung vorgestellt.

2.1 Die Rolle der Frau in der Gesellschaft und ihre Bedeutung für das Entstehen öffentlicher Kinderbetreuung

Die Frage nach Kinderbetreuung war und ist eng mit der Rolle der Frau in der Gesellschaft verbunden.

In der vorindustriellen Gesellschaft war das wichtigste und am weitesten verbreitete Wirt-schafts- und Sozialgebilde, besonders in bäuerlichen und handwerklichen Kreisen, die Sozial-form des „ganzen Hauses". Zentrales Merkmal war die Einheit von Produktion und Haushalt. Das „ganze Haus" umfasste die verwandten Familienmitglieder, Knechte und Mägde, Gesel-len und Lehrlinge und unterstand dem „Hausvater" (vgl. PEUCKERT 2002, S.21). Die „Haus"-Frau übernahm in dieser streng organisierten Arbeitsgemeinschaft neben der Kinderbetreuung Aufgaben im produktiven landwirtschaftlichen und handwerklichen Bereich. Kinderbetreuung wurde jedoch nicht von der Mutter alleine geleistet, sondern innerhalb des „ganzen Hau-ses" arbeitsteilig organisiert (SCHMIDT in AHNERT 1998, S.59). Kinder wurden als potenzielle Arbeitskräfte betrachtet. Dies zeugt von einem Übergewicht gefühlsarmer Beziehungen der Familienmitglieder und kann auch auf die Beziehung der Geschlechter zueinander übertragen werden. Es drückt sich außerdem besonders in der Partnerwahl aufgrund ökonomischer Momente (Arbeitskraft, Mitgift) aus (PEUCKERT 2002, S.21). Mit der Trennung von Familie und Arbeitsplatz, bedingt durch die Ausbreitung industrieller Produktionsweisen im 19.Jahrhundert, verlor das „ganze Haus" an Bedeutung. Als Folge entwickelte sich zunächst im gebildeten und wohlhabenden Bürgertum „[…] *ansatzweise der Typ der auf emotional-intimen Funktionen spezialisierten bürgerlichen Familie als Vorläufer der modernen Klein-familie*" (ebd. S.22). Die mit dem Ideal der romantischen Liebe und der damit zunehmenden Bedeutung von Gefühlen verbundene Leitbildfunktion der bürgerlichen Familie brachte die nichterwerbstätige Hausfrau und Mutter hervor. Bürgerliche Frauen wurden im Rahmen der ökonomischen Möglichkeiten in den häuslichen Bereich verwiesen und wie die Kinder von der Erwerbstätigkeit freigestellt (ebd. S.24). Obwohl für Arbeiterfamilien der Wegfall der weiblichen Erwerbseinkünfte aufgrund ihrer sozio-ökonomischen Lage unvorstellbar war, fand eine Annäherung in normativer Hinsicht an das Idealbild der bürgerlichen Familie statt (PEUCKERT 2002, S.24). Innerhalb der bürgerlichen Familien setzte sich einen Art Arbeitstei-lung durch. Während die Männer als Autoritätsperson über die Familie wachten und sie versorgten, waren die Frauen für die emotional-affektiven Bedürfnisse und die Haushaltsfüh-rung zuständig (ebd.S.24f). Die damit verbundene Stilisierung der Mutterschaft und die mütterliche Aufsicht als „natürliche" Form der Kinderbetreuung (LAMB & STERNBERG in ebd. S.16) negierte jedoch bereits in ihrer Entstehungszeit die Lebenswirklichkeit vieler Frauen, die auf Erwerbstätigkeit und damit auf Kinderbetreuung angewiesen waren. Diese Mythisie-rung und die Aufspaltung der bürgerlichen Gesellschaft in eine öffentliche und eine private Lebenssphäre entspricht laut PEUCKERT (2002, S.25) einer Neudefinition der Geschlechtsrol-len. Der Mann wird der außerhäuslichen Sphäre zugeordnet und die Frau der innerhäuslichen. Doch: *„Die enge Mutter-Kind-Beziehung ist ohnedies nicht etwa eine historische Grundkon-stante in der frühkindlichen Lebensgeschichte, sondern hat sich als Zivilisationsfolge der Moderne herauskristallisiert, die sich durch veränderte Familienkonstellationen vielfach wieder auflöst"* (KNAUF http:www.kindergartenpaedagogik.de/ am 11.10.2007). In den 50er und 60er Jahren des Zwanzigsten Jahrhunderts erlebte die Familienentwicklung ihren Höhe-punkt. Der bürgerliche Familientyp mit dem Mann als materiellem Versorger und der Frau als emotionaler Versorgerin hatte sich in der Bundesrepublik zur dominanten Familienform durchgesetzt (vgl. PEUCKERT 2002, S.25f). Erwerbstätigkeit von Frauen und Müttern blieb daher im Westen Deutschlands stets umstritten. Anders in der DDR: Weibliche und mütterli-che Erwerbstätigkeit wurden aus ideologischen Überzeugungen und pragmatischen Zwängen des Staates positiv bewertet und gefordert (SCHMIDT in AHNERT 1998, S.64). Kinderbetreu-ung wurde von staatlicher Seite bereits für die Jüngsten angeboten, um Frauen für die Er-werbsarbeit freizustellen. Die Vereinbarkeit von Arbeit und Familie bedeutete für die Frauen in der DDR jedoch eine Doppelbelastung, da *„tradierte Verhaltensweisen und Rollenbilder von Mann und Frau"* (OBERTREIS zit. nach SCHMIDT 1998, S.64)t trotz der fortschrittlichen Politik des Staates weiter im Alltag verankert waren.[1]

---

[1] Die Unterschiede der Kinderbetreuungspolitik der beiden deutschen Staaten werden ausführlich in Abschnitt 2.4 dieses Kapitels beschrieben.

Wirtschaftliche, soziale und politische Entwicklungen seit der Mitte der 1960er Jahre haben dazu geführt, dass die traditionalen Geschlechtsrollen an Geltung und Überzeugungskraft eingebüßt haben (PEUCKERT 2002, S.233). Frauen rückten als Arbeitskräfte für Industrie und Verwaltung in das Interesse des Arbeitsmarktes. Die durch staatliche Bildungspolitik seit den 1970er Jahren geförderte berufliche Qualifizierung und die Emanzipationsbewegung wirkten außerdem als Antrieb für die Selbstständigkeit junger Frauen (vgl. KAUFMANN 1995 zit. nach PEUCKERT 2002, S.234). Diese Orientierung von Frauen an außerhäuslichen Tätigkeiten und ihre Entsprechung durch den gesellschaftlichen und wirtschaftlichen Bedarf bewirkt mit den aktuell stattfindenden Prozessen des sozialen und wirtschaftlichen Wandels eine Pluralisierung der Lebensformen. Die Rolle des Mannes als Haupternährer der Familie ist durch die Karrierebestrebungen von Frauen ins Wanken geraten (ebd. S.34). Neben der Normalfamilie bestehen im Zuge dieser Entwicklungen „Wilde Ehen", Ein-Eltern-Familien, Ein-Personen-Haushalte, Patchwork-Familien und andere Familienformen (NAVE-HERZ 2002, S.13)[2]. Allerdings haben vor allem die Lebens- und Haushaltsformen ohne Kinder während der letzten Jahrzehnte zugenommen. Während sich die Lebenszeit verlängert, hat sich die Familienphase aufgrund der geringen Kinderzahl pro Familie auf etwa ein Viertel der gesamten Lebenszeit verkürzt (vgl. FÜNFTER FAMILIENBERICHT 1994 zit. nach PEUCKERT 2002, S.41). Die Pluralisierung von Frauenleben im Familienzusammenhang drückt sich vorrangig in einer Doppelorientierung aus. Frauen wollen Berufstätigkeit und Familienarbeit miteinander vereinbaren, doch weder Arbeitswelt noch Familie nehmen Rücksicht auf den jeweils anderen Bereich (NAVE-HERZ 2002, S.43). Da viele Väter sich nach wie vor mit ihrem Engagement in der Familienarbeit zurückhalten, übernehmen Mütter weiterhin die Hauptlasten dieser Arbeit, was von Teilen der Gesellschaft auch immer noch als „natürlich" angesehen wird (vgl. SCHWEIZER 2007, S.382). Diese fortbestehende geschlechtsspezifische Arbeitsteilung im Bereich der Haus- und Familienarbeit lassen die Doppelorientierung zur Doppelbelastung der Frauen werden.

Die Stellung der Frau in der modernen Gesellschaft und deren Konzept der Kindheit waren und sind eng an die lückenlose Erwerbsbiographie des Mannes gebunden. Der gesellschaftliche und ökonomische Wandel bedingt aktuell jedoch immer deutlicher eine Veränderung der einzelnen Elemente dieses „Systems". Die aktuelle Diskussion um den quantitativen Ausbau von Krippenplätzen (bis zum Jahr 2013 sollen für ein Drittel aller Kinder unter drei Jahren Betreuungsplätze angeboten werden (www.bmfsj.de am 14.11.2007) zeugt davon, dass die Erwerbstätigkeit von Müttern zwar gesellschaftliche Realität ist, ihnen jedoch in der Verantwortung für die Betreuung von Klein(st)kindern[3] in weiten Teilen Deutschlands noch keine nennenswerte Unterstützung angeboten wird. So steht weiterhin selten eine pädagogische Debatte im Vordergrund, sondern die Rolle der Mutter wird öffentlich diskutiert. Der

---

[2] Bereits in vorigen Jahrhunderten hatten Ein-Eltern-Familien, Adoptions-, Pflege- und Stieffamilien existiert, jedoch immer eingebettet in andere Lebensformen wie etwa das ganze Haus (Nave-Herz 2002, S.23).
[3] Gemeint sind hier die 0-6-Jährigen, also Krippen- und Kindergartenkinder.

Augsburger BISCHOF MIXA ging dabei soweit, der Politik vorzuwerfen, dass die staatliche Förderung von Krippenbetreuung Frauen zu „Gebärmaschinen" degradiere und die Erwerbstätigkeit beider Eltern ein „ideologischer Fetisch" der Familienministerin sei (www.zeit.de am 14.11.2007).

Die Geschichte der Krippe ist also immer auch die Geschichte der Frau – deren Grundproblematik sich aus dem Widerspruch zwischen weiblicher Geschlechtsrollennorm und Geschlechtrollenrealität zusammensetzt.

2.2 Die Entdeckung der Betreuungslücke

Seit Mitte des 19. Jahrhunderts entstanden in Deutschland Säuglingsbewahranstalten, die sich an französischen Vorbildern, den „Créches", orientierten. FIRMIN MARBEAU deckte in seiner Funktion als Mitglied der „Commision zur Berichterstattung über Kleinkinderbewahranstalten" in Paris die Tatsache auf, dass viele Kinder „der armen Classen" (MARBEAU 1846 zit. nach HELM 1951a. zit. nach REYER & KLEINE 1997, S.18) vom zweiten Lebensjahr an, in öffentlichen Einrichtungen versorgt würden, dass diese öffentliche Sorge aber bereits für die Jüngsten, für Säuglinge und Kleinstkinder, benötigt würde.

Mit dieser Erkenntnis legte MARBEAU den Grundstein für das sozialpädagogische Doppelmotiv. Der Entstehungsgedanke der öffentlichen Kleinkinderziehung und die sich anschließende Entwicklung der Krippen weist aus, warum ihre Geschichte nicht als Teil der Bildungsgeschichte zu begreifen, sondern der Geschichte der Familienhilfe zuzuordnen ist (REYER in FRIED & ROUX 2006, S.268).

Breite Bevölkerungsschichten waren im 19. Jahrhundert von Armut betroffen, häufig mussten beide Elternteile erwerbstätig sein, um das Überleben der Familie zu gewährleisten. Die Entstehungsgeschichte der Krippe lässt sich daher eingliedern in die allgemeine Entstehungsgeschichte öffentlicher Kleinkinderziehung, deren Aufgabe es war, die Betreuungsnotstände in Familien abzufangen. In den Kleinkinder-Schulen, Kleinkindbewahranstalten und Kindergärten des 19. Jahrhunderts[4] konnte jedoch den altersspezifischen Bedürfnissen von Säuglingen und Krabbelkindern nicht Sorge getragen werden. Das Leitmotiv dieser Einrichtungen war es, die Kinder zu beaufsichtigen und „Sitten und Gesundheit zu bewahren" (zit. nach BAACKE 1999, S.310) sowie die Kontrolle der Kinder und ihrer Familien durch die öffentliche Hand zu gewährleisten (vgl. ebd. S.310).

Die Gründung von Krippen lässt sich auf zwei Motive zurückführen: an erster Stelle bestand die Notwendigkeit, Müttern Erwerbsarbeit zu ermöglichen, an zweiter Stelle die Erfüllung altersspezifischer Entwicklungsbedürfnisse der Kleinstkinder. Im Gegensatz zu den Kinderbewahranstalten war die Aufgabenstellung im Hinblick auf das kindbezogene Motiv nicht die

---

[4] Eine Übersicht der historischen Entwicklung ist zu finden bei Jürgen Reyer, Geschichte frühpädagogischer Institutionen in: Lilian Fried, Susanne Roux (Hg.), Pädagogik der frühen Kindheit, Weinheim Basel 2006, S. 268-279

Erziehung der Kinder nach trägerspezifischen Ordnungs- und Wertevorstellungen, sondern die Eindämmung der Krankheits- und Sterblichkeitsraten in der jüngsten Altersgruppe. Die sich daraus ergebende institutionelle Identität baute vorrangig auf einer hygienischen Versorgung der Kinder auf. Nicht die Pädagogik stellte daher den wissenschaftlichen Bezugsrahmen für die Krippen dar, sondern die Pädiatrie (vgl. REYER & KLEINE 1997, S.17).

Krippengründungen gingen in der Regel auf die Initiative von Einzelpersonen zurück. Die Trägerschaft dieser Neugründungen lag in mehr als zwei Dritteln der Fälle in der Hand von eigens dafür gegründeten Vereinen. (vgl. REYER & KLEINE 1997, S. 24). Um das Jahr 1912 zählte ROTT 234 Krippen im Deutschen Reich (zit. nach ebd. S.24).

159 dieser Einrichtungen befanden sich in der Trägerschaft von Vereinen wie dem Frankfurter „Verein zu Errichtung und Erhaltung von Krippen", andere Träger waren Stiftungen, Kirchliche Gemeinden, Diakonissenhäuser. Außerdem gab es eine kleine Anzahl Fabrikkrippen, Einrichtungen von Privatpersonen und politischen Gemeinden (vgl. REYER & KLEINE 1997, S.24). *„Ohne die herausragende Bedeutung der Rechts- und Organisationsform des Vereins bei der Gründung und Trägerschaft ist die Krippengeschichte kaum zu denken"* schlussfolgern REYER & KLEINE (ebd. S.23).

Um den andauernden Finanzierungsproblemen entgegenwirken zu können, aber auch um die gesellschaftliche Anerkennung der Krippen zu stärken schlossen sich im Laufe der Jahre die einzelnen Vereine zu Zentralvereinen zusammen. Diese Zusammenschlüsse führten auf längere Zeit zu einer Professionalisierung der Arbeit und der Vereinheitlichung der Konzepte. Diese waren jedoch keineswegs pädagogischer Art. Ziel war es, den Erwartungen zu entsprechen und Morbiditäts- und Mortalitätsraten bei den Krippenkindern zu senken. Denn die Krankheitsanfälligkeit und Sterblichkeit stellte bis über die Jahrhundertwende hinaus das zentrale Streitthema zwischen Krippengegnern und ihren Befürwortern dar (REYER & KLEINE 1997, S.28).

Die inhaltliche Ausrichtung der Krippen spiegelt sich im Namen ihres Verbandsnamens wieder: „Deutschen Vereinigung für Säuglingsschutz" (DEUTSCHER KRIPPENVERBAND 1919 zit. nach REYER & KLEINE 1997, S.29.). Mütter sollten die Möglichkeit erhalten, den Lebensunterhalt für die Familie zu sichern, die Kinder wollte man während der Arbeitszeit ihrer Mütter „*vor Verderben*" schützen, so FRITZ ROTT vom „Organisationsamt für Säuglingsschutz des Kaiserin Auguste Victoria-Hauses" in Berlin zu den Aufgaben der Krippe (vgl. REYER & KLEINE 1997, S.30).

Noch um die Jahrhundertwende starben etwa 20 Prozent der Säuglinge im ersten Lebensjahr. Um dieser Entwicklung entgegenhalten zu können, war der Krippenalltag von hygienischen Regeln bestimmt. Das Personal setzte sich zu Beginn aus „Kindsmägden" oder „Kindswärterinnen" zusammen, die unter der Aufsicht einer „Oberschwester" arbeiteten. Zur gesundheitlichen Überwachung waren Ärzte eingesetzt, die organisatorische Aufsicht oblag den „Aufsichtdamen". Dies waren Frauen aus dem Bürgertum, die sich neben der Vereinsarbeit ehrenamtlich in den Krippen engagierten. Im Zuge der medizinisch-pflegerischen Professionalisierung wurden in den Krippen immer mehr ausgebildete Säuglingspflegerinnen und Säuglingsschwestern eingesetzt und die Oberschwestern übernahmen die Arbeit der Aufsichtsdamen (siehe dazu REYER & KLEINE 1997, S. 67-70).

Schwerpunkt der Arbeit mit den Kindern lag bei der Pflege. Bei der morgendlichen Ankunft der Kinder in der Einrichtung wurden sie entkleidet, gewaschen und mit Anstaltswäsche ausgestattet. Jedes Kind war mit eigenen Utensilien wie Essgeschirr und Nachttopf ausgestattet, auf diesem Weg versuchte man den hygienischen Anforderungen genüge zu tun. Neben der Körperhygiene spielte die Nahrungsversorgung eine wesentliche Rolle. Eine Nahrungsordnung regelte strikt, alle Details der Versorgung und verbot den Gebrauch des „Zutzels" - eine frühe Art des Schnullers- und das Mitbringen jeglicher Art von Lebensmitteln durch die Eltern (vgl. REYER & KLEINE 1997, S.74-75).

Wurden die Säuglinge nicht gefüttert oder gewickelt, standen Betten für sie bereit. Die „Kriechlinge" und „Gehlinge" wurden in einem separaten Raum beaufsichtigt. Dass Spielzeug in den Inventarlisten der Krippen keine Erwähnung findet, lässt REYER & KLEINE vermuten, dass zwar Spielzeug wie Bälle, Puppen, Baukästen und Bilderbücher in den Krippen vorhanden war, die Priorität von Hygiene und Diätetik jedoch dieses Detail überragte (vgl. REYER & KLEINE 1997, S.66). Eine weitere Vermutung liegt nahe: dem Spiel von Säuglingen und Kleinstkindern wurde, anders als bei den Kindergartenkindern, keine Bedeutung beigemessen.

Die Krippe war ein sicherer Aufenthaltsort – wären die Mütter doch ohne dieses Betreuungsangebot dazu gezwungen gewesen, während ihrer Arbeitszeit die Kinder sich selbst, der Obhut älterer Geschwister, Familienangehöriger oder Nachbarn zu überlassen.

Die Krippen erfüllten über diesen Betreuungsaspekt hinaus noch andere Zwecke: die Krippenträger konnten mit ihren Einrichtungen ihr soziales Engagement demonstrieren, die Armenkassen der Gemeinden wurden entlastet, die Arbeitgeber verfügten über zuverlässige weibliche Arbeitskräfte und für bürgerlichen Frauen stellte die Krippen ein soziales Betätigungsfeld dar (REYER & KLEINE 1997, S.48). Trotz all dieser Vorteile blieb die gesellschaftliche Anerkennung für die Institution Krippe verhalten: lediglich in Familien, in denen Sorge und Pflege durch die Mutter aufgrund äußerer Beweggründe nicht geleistet werden konnten, sollte dieser Mangel notdürftig kompensiert werden (ebd. S.40).

2.3 Von der Jahrhundertwende bis 1945

Die hohe Säuglingssterblichkeit stellte auch um die Jahrhundertwende und bis in die Zeit der Weimarer Republik das zentrale Thema der Krippendiskussion dar.

Obwohl die um 1880 einsetzende Stillkampagne[5] und die Verbesserung der künstlich hergestellten Säuglingsnahrung sowie Schutzimpfungen und ein flächendeckendes Netz von Mütterberatungs-, Säuglings- und Kleinkindstellen[6] die Säuglingssterblichkeit reduzierten und das Interesse an Krippenbetreuung schwächten, nahm doch die Erwerbstätigkeit von Frauen stetig zu. Eine Berufs- und Betriebszählung im Jahr 1912 ergab, dass etwa 8,5 Millionen Frauen erwerbstätig waren (REYER & KLEINE 1997, S.79). Von der Industrie wurden Frauen eingestellt, weil die damit verbundenen Lohnkosten niedriger waren als die der Männer. Der Durchschnittslohn der Frauen in einem industriellen Betrieb lag etwa 60-80 Prozent unter dem Gehalt männlicher Arbeiter (ebd. S.80). Trotz dieser offensichtlichen Benachteiligung gingen Frauen Arbeitsverhältnisse ein, einerseits aus der Not den Lohn des Ehemannes ergänzen zu müssen um das Überleben der Familie zu gewährleisten. Neben dieser Not sind jedoch auch erste Gleichberechtigungsgedanken zu erkennen. Die frühe Erwerbstätigkeit der proletarischen Mädchen war verbunden mit einer *„gewissen Freiheit und ökonomischer Selbstständigkeit"* (zit. nach REYER & KLEINE 1997, S.80).

Die außerhäusliche Erwerbstätigkeit von Frauen und Müttern war zum festen Bestandteil der Gesellschaft geworden. Mit der Aufgabe, den damit verbundenen Bedarf an Betreuungsplätzen zu decken, sahen sich die privaten Krippen- und Kindergartenbetreiber jedoch überfordert. In 243 Krippen wurden 7500 Plätze bereitgestellt (REYER & KLEINE 1997, S.86), gerade einmal 8 Prozent der benötigten Plätze waren vorhanden (ebd. S.78). 5, 5 Millionen Kleinkinder, so schätzen REYER & KLEINE, erfuhren zwischen der Vorzeit des Ersten Weltkrieges und der Weimarer Republik eine mangelhafte Betreuung (ebd. S.83).

1913 definierte ROTT die Krippe als Einrichtung in der *„gesunde Säuglinge und Kleinkinder (meist bis zum dritten Lebensjahre) von Müttern, die außerhäuslich erwerbstätig sind, tagsüber verpflegt werden"* (zit. nach REYER & KLEINE 1997, S.106) Die Krippe wurde in der Folge zwar als „vordringliches Aufbaufeld" erkannt (ebd. S.107), doch das Interesse des „Ausschusses für Kleinkinderfürsorge" fokussierte sich ausschließlich auf die Belange des Kindergartenalters. (vgl. ebd. S.107). Obwohl sich noch während des Krieges in den Reihen

---

[5] Um die Frauen zum Stillen zu animieren, erhielten sie nach den Gesetzen über Wochenhilfe und Wochenfürsorge Stillgeld. Sie erhielten 50 Prozent, später 75 Prozent ihres Grundlohnes. Dieser Betrag reichte jedoch nicht aus, um die Frauen von einem frühen Wiedereinstieg in die Erwerbsarbeit abzuhalten. (Reyer& Kleine 1997,S.94)

[6] *„Die Beratungsstellen haben die Aufgabe, Mütter in Pflege und Ernährung des gesunden und kranken Säuglings zu beraten. Der Schwerpunkt ihrer Tätigkeit liegt in der Einführung und Verbreitung des Selbststillens...Die Beratungsstellen erscheinen als besonders wertvolle Organe im Kampf gegen die hohe Kindersterblichkeit."* (Zahn 1912, S.287 zit. nach Reyer& Kleine 1997, S.93-94)
Bis zum Ersten Weltkrieg entstanden im Deutschen Reich 9776 Mütter- und Säuglingsberatungsstellen und etwa 3259 Schwangerenberatungsstellen, ab 1922 hatten Frauen einen Rechtsanspruch auf Beratung (vgl. Reyer& Kleine 1997, S.93).

der Wissenschaft die Überzeugung festigte, dass institutionelle Tagespflege nicht ausschließlich als ein schlechter Ersatz für die familiäre Betreuung gelten könne, so bezog sich dieser Sinneswandel auf die Kinder im Vorschulalter – die Krippe blieb bei diesen Betrachtungen außen vor (vgl. ebd. S.108).

Die Materialschlachten des Ersten Weltkrieges und die damit verbundenen Anforderungen an die Industrie führten zu einer erhöhten Frauen- und Mütterarbeit. Um die *„Arbeitswilligkeit"* (GERSDORFF 1969 zit. nach REYER & KLEINE 1997, S.110) der Frauen anzuregen, wurde die Bereitstellung von Kinderbetreuung als staatliche Aufgabe anerkannt.[7] Wie nie zuvor standen nun Säuglinge und Kleinkinder im Blickpunkt des öffentlichen Interesses. Die Krippen sollten in hygienischer aber auch erzieherischer Hinsicht darauf ausgerichtet sein „[…] *jedem einzelnen Kind den durch das Fehlen der Mutter entstehenden Mangel zu ersetzen wie im Frieden"* (GIERKE & KELLER 1918 zit. nach REYER & KLEINE 1997, S.113). Das grundlegende Motiv dieser Perspektivenschiebung galt den Müttern – und damit der Kriegswirtschaft. Krippenöffnungszeiten wurden an den Schichtbetrieb der Fabriken ausgerichtet und bedürftigen Müttern wurden die Beiträge erlassen (REYER & KLEINE 1997, S.112).

Der Krieg forderte von den Krippenbetreibern Improvisationsvermögen. Mehr Kinder, als eigentlich vorhandene Platzzahl, sollten betreut werden, die Rationierung von Lebensmitteln und Versorgung mit den zur Einhaltung der hygienischen Standards nötigen Artikel wie Seife, Stoffe und Wäsche gestaltete sich schwierig, viele Krippenärzte wurden an der Front eingesetzt (REYER & KLEINE 1997, S.113). Über das Kriegsende hinaus reichte jedoch die Erkenntnis, dass die Fürsorge für Kleinstkinder „[…] *eine nationale Angelegenheit"* sei, *„die nicht mehr nur privaten Wohlfahrtsorganisationen überlassen werden konnte"* (ebd. S.111).

Doch auch die Verabschiedung des Reichsjugendwohlfahrtsgesetztes 1922 und die damit verbundene Zuordnung der Säuglings- und Kleinstkinderfürsorge zu den Aufgaben des Jugendamtes bewirkte keine Veränderungen in der inhaltlichen Gestaltung der Krippenpolitik[8] (REYER & KLEINE 1997, S.108). Die Altersgruppe der Ein- bis Dreijährigen blieb

---

[7] Generalleutnant Groener am 16.1. 1917 über die Aufgaben der „Frauenarbeitszentrale": *Neben der Fürsorge für die Erhöhung der persönlichen Arbeitsfähigkeit der Frauen muß die Frauenarbeitszentrale Einrichtungen treffen, die dem Wohle der zu den Frauen gehörenden Familienmitgliedern dienen und dazu beitragen die Arbeitswilligkeit zu erhöhen: Ausgestaltung von Pflegestellen, Krippen, Bewahranstalten, Kindergärten, Horten, Stillstuben, Mütter-, Säuglings-, Kleinstkinderberatungsstellen usw."* (Gersdorff 1969 zit. nach Reyer & Kleine, 1997, S.110)

[8] Für die Kindergärten brachte die Einführung des RJWG in vier Bereichen deutliche Veränderungen: 1. Zunahme öffentlicher Trägerschaft durch die Kommunen, 2. Wechsel der Aufsicht von der Ortsschulbehörde zu den Jugendämtern, 3. Vereinheitlichung der Ausbildung nach staatlichen Vorgaben und 4. die Erweiterung des konzeptionellen Spektrums (nach Reyer in Fried & Roux), 2006, S.273)

weiterhin aus dem pädagogisch definierten Elementarbereich ausgeschlossen, denn für die Säuglingsfürsorge waren sie nicht mehr von Interesse und für die Kleinkindpädagogik noch nicht.[9]

Die Haltung der Nationalsozialisten zu Frau und Familie, *„Das Volk muß wieder lernen, daß die heiligste, schönste und oberste Pflicht der Frau nicht die Berufs-, sondern die Mutterpflicht ist"* (KUHN & KRANZ 1933 zit. nach SCHMIDT in AHNERT 1998, S.62), lässt auf die problematische Stellung der Krippen in der NS-Vorkriegszeit schließen. Nach Ausbruch des Zweiten Weltkrieges waren Frauen und Mütter erneut als Arbeitskräfte gefragt und angemessener Kinderbetreuung wurde infolgedessen *„staatspolitische Bedeutung"* beigemessen (AMT SCHÖNHEIT DER ARBEIT 1940 zit. nach REYER & KLEINE 1997, S.113), eine ideologische Wendung wie sie in der Geschichte der nationalsozialistischen Diktatur häufig zu finden ist.

2.4   Geteiltes Deutschland - geteilte Krippenentwicklung

Der Sieg der Alliierten über das Naziregime und die damit verbundene Besatzung zog die politische und ideologische Spaltung Deutschlands nach sich. Während in der ehemaligen sowjetischen Besatzungszone am 7. Oktober 1949 unter Kontrolle der UdSSR die DDR gegründet wurde, ein Staat der sich durch sozialistische Orientierung, Planwirtschaft und Vergesellschaftung der Produktionsgüter auszeichnete, entstand in den westlichen Besatzungszonen die BRD. Laut dem am 8. Mai verabschiedeten Grundgesetz sollte die neue Bundesrepublik ein föderativer und sozialer Rechtsstaat werden. Als Gegenentwurf zur zentralistischen Führung und Gleichschaltung der nationalsozialistischen Diktatur wurde die Dezentralisierung von Macht und Verantwortung durch die Stärkung der Zuständigkeiten der Bundesländer angestrebt. *„So unterschiedlich sich die beiden Teile Deutschlands in ihren politischen, wirtschaftlichen und sozialen Makrostrukturen entwickelten, so unterschiedlich war auch die Entwicklung der Krippe […]"* (REYER & KLEINE 1997, S.115-116).

Da die sozialistische Planwirtschaft der DDR von Beginn an auf die Frauen als Vollzeitarbeitskräfte angewiesen war, wurde der umfassende Ausbau von Tageseinrichtungen von staatlicher Seite vorangetrieben.

Bis 1989 wurden 360.000 Plätze in 7770 Krippen und Wochenheimen bereitgestellt, etwa 60 Prozent der Kinder unter drei Jahren nahmen an öffentlicher Betreuung teil (ZWIENER 1994, S.14). Die Erwerbstätigkeit von Müttern wurde ideologisch begründet: die Frau solle eine aktive Rolle in der Gesellschaft übernehmen und entfalte ihre Persönlichkeit im Prozess der Arbeit (vgl. SCHMIDT in AHNERT 1998, S.62). Doch die staatliche Betreuung der Kinder verfolgte ebenso pragmatische Motive, die Frauen wurden zur Arbeit freigestellt, eine gesunde Entwicklung der Kinder wurde beaufsichtigt und die sozialistische Erziehung war

---

[9]   Die Aufnahme in den Kindergarten und andere Kleinkindereinrichtungen erfolgte in der Regel ab einem Alter von drei Jahren, die Aufnahme von Zweijährigen wurde lediglich als Notbehelf gesehen. (vgl. Reyer & Kleine 1997, S.106 und Reyer in Fried & Roux 2006, S.271) Die Kleinkindereinrichtrungen stellten neben ihrer Eigenschaft als Betreuungseinheit immer auch eine pädagogische Einheit im Leben der Kinder dar.

von Anfang an gesichert (ZWIENER 1994, S.14). Die hohe Frauenerwerbstätigkeit gepaart mit dem hohen quantitativen Ausbaustand der Krippen stellte im internationalen Vergleich von Wirtschaft und Gesellschaft der DDR eine Besonderheit dar. Trotz der ideologisch begründeten staatlich angetriebenen Emanzipationsbestrebungen wurde das traditionelle Geschlechterrollenverständnis jedoch keineswegs überwunden (vgl. REYER & KLEINE 1997, S.123). Auch in der DDR übernahmen Frauen alleine die familiären Betreuungs- und Versorgungsaufgaben und mussten diese mit beruflichen Anforderungen koordinieren, was in ihrem Alltag zu einem chronischen Zeitdefizit führte (siehe dazu ebd. S.123-127).

Krippen waren zunächst ein integraler Bestandteil des Gesundheitswesens, 1965 wurden sie zur untersten Stufe des sozialistischen Bildungssystems ernannt (ZWIENER 1994, S.14). Über diese Einstufung hinaus wurde die Krippenarbeit in sozialhygienischer Tradition weiter gestaltet. In altershomogenen Gruppen wurden die Kinder von Montag bis Freitag zwischen sechs Uhr morgens und sechs Uhr abends betreut. Konzeptionelle Orientierung lieferte das „Programm für Erziehungsarbeit in der Kinderkrippe" von 1985. Die Ansprüche des Staates an die Einrichtungen lauteten: 1. Erhaltung und Förderung der Gesundheit, 2. Ausbildung des gegenständlichen Handelns, Spiels und anderer Tätigkeiten, 3. Ausbildung der Sinnes-, Wahrnehmungs- und Erkenntnistätigkeit, 4. Förderung des Spracherwerbs, 5. Entwicklung einer positiver Beziehung zwischen Erzieherin und Kindern sowie der Kinder untereinander, 6. moralisch-sittliche Erziehung und 6. ästhetische Erziehung (ZWIENER 1994, S.17). Die Begründung dieser Ansprüche war im 1965 verabschiedeten Familiengesetzbuch zu finden. Paragraph 3(1) lautete: „*Es ist die vornehmste Aufgabe der Eltern ihre Kinder in verstrauensvollem Zusammenwirken mit staatlichen und gesellschaftlichen Einrichtungen zu gesunden und lebensfrohen, tüchtigen und allseitig gebildeten Menschen, zu aktiven Erbauern des Sozialismus zu erziehen"* (zit. nach REYER & KLEINE 1997, S.120).

Das Krippensystem der DDR war das ehrgeizige Projekt, die Gleichberechtigung der Frau in Familie und Gesellschaft zu verwirklichen, ihre Arbeitskraft freizusetzen und gleichzeitig für die Kinder einen gesunden und pädagogischen Erziehungsrahmen aufzubauen, es zeugt von der ideologische Anpassung des sozialpädagogischen Doppelmotivs.

In der BRD entwickelten die einzelnen Bundesländer eigene gesetzliche Regelungen und Strukturen im Bereich der öffentlichen Kindererziehung. Auf Grundlage des Subsidiaritätsprinzips wurden familienunterstützende Angebote organisiert. Nur dort, wo Einrichtungen der frei-gemeinnützigen Träger fehlten, sollten von öffentlicher Seite Angebote geschaffen werden (OBERHUEMER & ULICH 1997, S.83).

Konträr zur ost-deutschen Entwicklung konnte sich in der BRD keine positive Einstellung zum Modell der erwerbstätigen Frau und Mutter etablieren. Für das Frauen- und Familienbild der BRD stand das US-amerikanische Modell der Familie als unantastbar und Inbegriff des Privaten Pate (SCHMIDT in AHNERT 1998, S.63). Diesen Überzeugungen folgend blieb das sozialpädagogische Doppelmotiv in seinem traditionellen Bewertungsrahmen: Mütter sollten nur aus materieller Not heraus erwerbstätig sein, Krippenbetreuung ein Notbehelf bleiben. Auch aus pädiatrischer und entwicklungspsychologischer Perspektive stieß institutionelle Betreuung von Säuglingen und Kleinstkindern ebenfalls auf Ablehnung. Negative Ergebnisse der internationalen Early Day Care Research wurden undifferenziert verallgemeinert, positive Aspekte ausgeblendet (REYER & KLEINE 1997, S.156).

Trotzdem waren bereits in den 1970er Jahren selbstorganisierte Elterninitiativen entstanden.[10]Einerseits um Betreuungsprobleme zu beheben, jedoch mindestens ebenso aus pädagogischer Motivation. Eltern fanden in der institutionellen Unterbringung, die Option ihren Kleinstkindern „[...] *über den als zu eng empfundenen kleinfamilialen Erfahrungsraum hinaus Lernmöglichkeiten zur bieten*" (REYER & KLEINE 1997, S.158). In pädagogischer Hinsicht orientierten sich diese „Kinderläden" an den Leitideen der antiautoritären Erziehung (siehe z.B. NEILL 1994. Theorie und Praxis der antiautoritären Erziehung. Das Beispiel Summerhill) und stellten damit einen markanten Gegensatz zur herkömmlichen Kleinkindpädagogik dar.

Trotz der zunehmenden Bereitschaft der Mütter, in Familie und Beruf parallel zu arbeiten, und dem wachsenden Druck auf die Sozialpädagogik, familiale Sozialisationsdefizite institutionell zu kompensieren, blieb die Zahl der angebotenen Krippenplätze weit unter dem eigentlichen Bedarf. Aus dem Jahr 1977 stammt die Einschätzung, dass die „*Arbeitsorganisation unserer Gesellschaft [...] noch nicht so gestaltet (ist), daß die Eltern Erwerbstätigkeit und Erziehung ihrer Kinder problemlos miteinander verbinden können*" (BMFJG 1977b zit. nach REYER & KLEINE 1997 S. 155). In der zweiten Hälfte der 1980er Jahre erfuhr die westdeutsche Diskussion um die Krippe einen leichten Kurswechsel. Das sozial- und familienpolitische Schlagwort „*Vereinbarkeit von Familie und Beruf*" und das Aufkommen der bildungstheoretischen Diskussion des Kleinstkindalters sowie positive internationale Forschungsbefunde machten den Bedarf und die pädagogischen Möglichkeiten der institutionellen Kleinstkindbetreuung deutlich (REYER & KLEINE 1997, S.156-157). Mit der Einführung eines Erziehungsurlaubsgesetzes und Erziehungsgeldgesetzes 1986 erfuhren Mütter eine staatliche Anerkennung ihrer Erziehungsleistung. Diese Leistungen ermöglichten Müttern jedoch nicht die Vereinbarkeit von Familienarbeit und Erwerbsarbeit. Noch 1991 waren in den westlichen Bundesländern nur etwa die Hälfte der Mütter und davon nur 18 Prozent voll erwerbstätig (OBERHUEMER & ULICH 1997, S.85).

Während die gesellschaftliche Anerkennung des Kindergartens in der BRD, begünstigt durch die zunehmende elementarpolitische Bildungsdiskussion, stetig zunahm, wurde die Krippe weiterhin als Nothilfe gesehen (REYER& KLEINE 1997, S.167).

---

[10] „*jeder 9.Platz und jede 4. Einrichtung für Kinder unter 3 Jahren...von Elterninitiativen bereitgestellt*" Jugendamtsbefragung von Tietze & Roßbach & Roitsch 1993 zit. nach Reyer & Kleine 1997, S.161

2.5 Die Krippe im vereinten Deutschland

Die Auswirkungen des gesellschaftspolitischen Kontextes für Entwicklung und Prioritäten im Bereich der öffentlichen Kindererziehung wurde nach der politischen Wiedervereinigung der beiden deutschen Staaten 1990 besonders deutlich. Im Osten hatte die fast flächendeckende außerfamiliäre Kinderbetreuung *„ganztägig und ganzjährig"* (AHNERT in AHNERT (Hg.) 1998, S.29) zum Alltag der Familien gehört, im Westen war insbesondere die Kleinstkinderbetreuung Privatsache geblieben.

Der Zusammenbruch der DDR-Gesellschaft zog einen drastischen Abbau im Kinderbetreuungssystem nach sich. Demographische Veränderungen in Form innerdeutscher Migration junger Familien, hohe Arbeitslosigkeit von Müttern mit kleinen Kindern und sinkende Geburtenraten[11] führte zu einer Senkung der Angebote für Kinder unter drei Jahren (ebd. S.37). Trotz dieses Platzabbaus wurde jedoch bis heute nicht die niedrige Versorgungsquote von ca. 3 % der westlichen Bundesländer erreicht. Lediglich das Saarland mit 5% und Hessen mit 4% bieten geringfügig mehr Betreuungsplätze für Kinder unter drei Jahren als die anderen westlichen Bundesländer. Das westdeutsche Platzangebot für unter Dreijährige beschränkt sich außerdem hauptsächlich auf die Großstädte, so weisen die Stadtstaaten Bremen und Hamburg mit 10% und 13% die höchste Versorgungsquote auf. In den östlichen Bundesländern stellt Sachsen-Anhalt mit 57% das höchste Angebot bereit (vgl. AHNERT & SCHNURRER 2006 in FRIED & ROUX, S.305).

Das in den 70er Jahren vor allem durch Elterninitiativen angeregte Interesse für alternative Erziehungskonzepte im privaten und öffentlichen Bereich und die fehlende Integration ins Bildungssystem ermöglichte eine sich ständig in Bewegung befindliche konzeptionelle Vielfalt im Kindergarten- und auch im Kleinstkinderbereich. Situationsansatz, Reggio-Pädagogik, Waldkindergärten, Waldorf-Pädagogik und EMMI PIKLERS „Lóczy-Modell" (ausführlich werden die unterschiedlichen Konzepte in Kapitel 5 behandelt) sind einige Beispiele, die sich in der Kindergarten- und Kinderkrippenlandschaft Deutschlands immer weiter etablieren (REYER, S.279 in FRIED& ROUX 2006).

Während 1996 das Recht auf einen Kindergartenplatz gesetzlich verankert wurde, blieben Betreuungsplätze für Kinder unter drei Jahren, vor allem in den westlichen Bundesländern, weiterhin rar. Lediglich die Verlängerung des Erziehungsurlaubes 1992 trug etwas zur Entspannung bei (OBERHUEMER& ULICH 1997, S.85). Damit wurde jedoch auch die Bevorzugung der alleinelterlichen Betreuung von Kleinstkindern ausgedrückt. Die Folgen der sich wandelnden Familien- und Arbeitsmarktstrukturen im Alltag von Familien wurden weiter vernachlässigt. Auch wenn in den westlichen Bundesländern aktuell *„ein Großteil der Mütter […] eine hohe Präferenz [haben], sich auf die Familie zu konzentrieren."* (BLOME & KECK in WBZ- Mitteilungen Juni 2007, S.9), so besteht doch das Argument, dass sich diese Präferenz

---

[11]   In der DDR war das Leben mit Kindern im Lebenskonzept der Menschen fest verankert, 92-93% der Frauen bekamen mindestens ein Kind. (vgl. Ahnert in Ahnert (Hg.) 1998,S.29)

durch die Veränderung von Betreuungsstrukturen (in allen Bereichen der Kinderbetreuung) ändern kann. Müttererwerbstätigkeit und damit verbundene öffentliche Kinderbetreuung beginnend in der Krippe kann, wie es der Blick nach Schweden zeigt, soziale Normalität darstellen (ebd. S.11). Mit der Reform des Elterngeldes 2007[12] wurde ein Vorstoß in Richtung der gleichberechtigten Erziehung von Kleinstkindern durch die Politik gewagt. Die Betreuungslücke, die sich nach 14 geförderten Monaten in den Familien auftut, gilt es in der Zukunft zu schließen.

Der Wechsel vom bürgerlichen zum egalitären Familienmodell hat in Deutschland - im internationalen Vergleich - erst spät eingesetzt und beschleunigt sich gegenwärtig rasch. Angetrieben wird der Wandel ebenso aus der Ökonomie wie aus den demokratischen Entwicklungen (ZEIHER 2005 in ZWÖLFTER KINDER- UND JUGENDBERICHT, S.205). Der Arbeitsmarkt verändert sich, Frauen möchten und/oder müssen arbeiten gehen. Die Pluralisierung von Lebensformen sowie die demographische Entwicklung - Geburtenrückgang bei gleichzeitiger Zunahme der Lebenserwartung - sind Merkmale des gesellschaftlichen Wandels. Der gestiegene Bedarf der Eltern an Auslagerung von Kinderzeit aus der Familie trifft mit einer neuen Krise des Bildungswesens zusammen. Das Ernährer-Hausfrau-Familienmodell verliert mehr und mehr seine dominierende Stellung, was eine Krise der gesellschaftlichen Organisation von Betreuungsleistungen für Kinder offenbart (HONIG 2003 in FRIED ET AL, S.114). Um die Vereinbarkeit von Beruf und Familie tatsächlich möglich zu machen, sollen die Kommunen nach den Vorstellungen der Bundesregierung bis ins Jahr 2013 stufenweise 500.000 zusätzliche Betreuungsplätze für Kleinstkinder in Kindertagesstätten und Kindertagespflege zu Verfügung stellen (www.bmsjj.de am 14.11.07). Der Ausbau der familienexternen Kleinkindbetreuung soll jedoch nicht nur quantitativ ausgebaut, sondern als Instanz der Bildungsvermittlung etabliert werden (ZEIHER 2005, S.215). Der in Deutschland verbreitete Dienstleistungscharakter institutioneller Kleinstkindbetreuung soll abgelöst und die Weiterentwicklung von Kindertageseinrichtungen als Bildungsorte vollzogen werden (HAUG-SCHNABEL & BENSEL 2007, S.43). Die Auffassung, dass bereits Krippen Bildungseinrichtungen sein sollen wirft die Frage auf, welche Merkmale sie aufweisen müssen. Die teilweise ideologisch und wenig sachlich geführte Debatte um die Krippenbetreuung hat aktuell dazu geführt, dass Qualitätskriterien für Kinderbetreuung in den Blickpunkt des Interesses gerückt sind. Eine verbesserte Ausbildung der Professionellen, drei bis vier Kinder pro Erzieher, sechs bis zwölf Kinder pro Gruppe, langsame Eingewöhnung, bewusste Raumgestaltung und Erziehungspartnerschaft zwischen Erziehern und Eltern gelten als die Kriterien, über die Betreuung in Krippen sich positiv auf die Entwicklung der Kinder auswirken kann (LAMB & AHNERT 2003 in KELLER, S.534). In Erziehungs- und Bildungsplänen erkennen nahezu alle Bundesländer die Bedeutung eines Bildungsauftrages, der im Säuglingsalter beginnt, an.

---

[12] Siehe dazu http://www.bundesregierung.de/Content/DE/StatischeSeiten/Breg/FAQ/faq-zum-elterngeld.html am 9. Oktober 2007

Bildung von Geburt an, soll laut der politischen Überzeugung keine Phrase bleiben.[13] Die Zukunft wird zeigen, wie der Anspruch, Krippen als qualitativ hochwertige Bildungseinrichtungen zu gestalten, mit den ökonomischen Zwängen der Gesellschaft vereinbart werden kann.

---

[13] siehe : Hessisches Sozialministerium & Hessisches Kultusministerium (Hg.), Bildung von Anfang an – Bildungs- und Erziehungsplan für Kinder von 0 bis 10 Jahren in Hessen, www.sozialministerium.hessen.de am 11.10.2007
Senatsverwaltung für Bildung, Jugend und Sport (Hg.) (2004) Berliner Bildungsprogramm, Berlin: Verlag das netz
Bayrisches Staatsministerium für Arbeit und Sozialordnung, Familie und Frauen & Staatsinstitut für Frühpädagogik (Hg.) (2003), Der Bayrische Bildungs- und Erziehungsplan für Kinder in Tageseinrichtungen bis zu Einschulung, Weinheim& Basel: Beltz Verlag
Gerd E. Schäfer (Hg.) (2007). Bildung beginnt mit der Geburt. Ein offener Bildungsplan für Kindertagesstätten in Nordrhein-Westfalen. Berlin: Cornelsen

3. Kleinstkinder

Der Begriff Kleinstkinder fasst die Altersgruppe der Null- bis Dreijährigen zusammen und grenzt sie damit von der Altersgruppe der Kleinkinder, den Kindergarten- und Grundschulkindern, ab. Die menschliche Entwicklung soll auf die spezifischen Besonderheiten der ersten drei Jahre hin untersucht und betrachtet werden; in diesem Sinne wird die Kategorie in der Literatur verwand (z.B. REYER & KLEINE 1997, HAUG-SCHNABEL & BENSEL 2007).

Die folgenden Betrachtungen der unterschiedlichen wissenschaftlichen Perspektiven stellt eine Annäherung an das Wissen über Kleinstkinder dar. Aus Sicht der Entwicklungspsychologie beschreibe ich zunächst, was Kleinstkinder „können", es folgt das gesellschaftliche Bild vom Kleinstkind in soziologischer Sicht. Abschließend werden die Anforderungen, die Kleinstkinder an ihre allgemeine und institutionelle Umwelt stellen, aus pädagogischer Perspektive beschrieben.

3.1 Entwicklung bei Kleinstkindern

Für die grundlegende Beschreibung der Entwicklung von Kindern während der ersten Lebensjahre verwenden moderne Entwicklungstheorien immer häufiger evolutionsbiologische Erklärungsmodelle. Diese leiten Charakteristiken der kindlichen Entwicklung aus der menschlichen Evolution ab. Die Art und Weise der menschlichen Individualentwicklung und die damit einhergehenden physiologischen und psychologischen Entwicklungsbedürfnisse und -erfordernisse werden dabei auf die lange Geschichte der Homoniden zurückgeführt (AHNERT 2005 in ZWÖLFTER KINDER- UND JUGENDBERICHT, S.13). Im folgenden Abschnitt werde ich zunächst die Begriffe Entwicklung, Entwicklungsaufgaben und Entwicklungsfaktoren definieren, um anschließend die grundlegenden Entwicklungsthemen von Kleinstkindern und deren zugrunde liegende Prozesse zu beschreiben.

3.1.1 Entwicklung, Entwicklungsaufgaben, Entwicklungsfaktoren

Dieser Arbeit liegt die Auffassung zugrunde, dass Entwicklung in zentralen Aufgaben organisiert ist, die spezifische Themen in bestimmten Abfolgen beinhalten (vgl. KELLER 1998, S.164). Entwicklungsaufgaben werden verstanden als der Erwerb spezifischer Kompetenzen. Im Blickpunkt liegen dabei die motorische, kognitive und sozialemotionale Entwicklung (KELLER 2003, S.95). Auf die Entwicklung wirken folgende Faktoren:

- allgemeine genetische Faktoren,
- individuelle genetische Faktoren,
- Reifungsvorgänge,
- Einflüsse der materiellen Umwelt
- Einflüsse der sozialen Lernumwelt.

Die Wirkung dieser Faktoren entfaltet sich in wechselseitiger Abhängigkeit. Vergangene und aktuelle Bedingungen wirken gemeinsam mit dem gegenwärtigen Entwicklungsstand des Individuums in komplexer Art (TRAUTNER 2003, S.74).

3.1.2   Entwicklungsthemen

KELLER (1998, S.167) formuliert für die ersten Lebensjahre zwei zentrale Entwicklungsthemen: *„(1) die Entwicklung einer Bindungsbeziehung im ersten Lebensjahr und (2) der Erwerb von Kompetenzen zur Informationsaufnahme im Umgang mit der physikalischen Welt (Explorationsverhalten) im zweiten Lebensjahr"* (Keller 1998, S.164). Im zweiten Lebensjahr steht die außerpersonale Welt im Fokus kindlicher Aufmerksamkeit. *„Die Exploration durch Manipulation [...], eröffnet neue Dimensionen in der Interaktion mit der Umgebung [...], die Erkundung funktionaler Zusammenhänge* [steht] *im Zentrum der kindlichen Aktivitäten."* Dabei ist eine ausgeprägte interindividuelle Variabilität, das unterschiedliche Entwicklungstempo von Kindern der Altergruppe null bis drei Jahre und auch die intraindividuelle Variabilität, das unterschiedliche Entwicklungstempo in einzelnen Bereichen bei ein und demselben Kind, zu beachten. Die genaue Bestimmung von Entwicklungszeitpunkten ist schwierig (HAUG-SCHNABEL & BENSEL 2007, S.17). Das „Durchschnittsdenken" wird in der aktuellen Forschung von der Angabe von Entwicklungsetappen, die bis zu vier Jahre dauern können und innerhalb derer das Auftauchen einer neuen Fähigkeit als normal gilt, ersetzt.

3.1.3   Entwicklungsprozesse

Die ersten Lebensjahre des Kindes sind durch rasant ablaufende Entwicklungsprozesse gekennzeichnet, die laut AHNERT (2005): *„[...] durch soziale Interaktion in einer besonderen Weise vermittelt werden müssen."*

Das Erreichen neuer Entwicklungsschritte ist abhängig vom individuellen Reifungstempo des Gehirns und dem kulturellen Kontext eines Kindes. Dieser ist insbesondere für das Erlernen von Kulturtechniken von Bedeutung (HAUG-SCHNABEL& BENSEL 2007, S.20). Das heranwachsende Kind wird nicht nur als ein aktives, sondern als ein eigenaktives Wesen betrachtet. Es reagiert aktiv auf seine Umwelt, geht aus eigenem Impuls denkend, strukturierend und experimentierend auf die Welt zu (vgl. SCHÄFER 1995, S.54). Der Volksmund sprach früher vom „ersten dummen Jahr", heute wird bereits der Säugling von der Wissenschaft als „kompetent" bezeichnet. Diese Kompetenz ist jedoch nicht zu verstehen als „alles können" sondern als „alles lernen können" (vgl. VON DER BEEK 2006, S.10).

3.1.3.1 Kognitive Prozesse

Kognitive Entwicklung umfasst die Veränderung aller geistigen Prozesse: der Wahrnehmung, des Denkens, der Vorstellung und des Problemlösens. Bei Neugeborenen zeugt die zeitlich begrenzte und inhaltlich dosierte Informationsverarbeitung von einer gering ausgeprägten Hirn- und Intelligenzentwicklung (OERTER & MONTADA 2002, S.143, AHNERT 2005, S.19).

Die Verschaltung von Hirnstamm und Kortex und das erhebliche Gehirnwachstum im ersten Lebensjahr erlauben dem Säugling zunehmend seine verschiedenen Sinnessysteme, das Sehen, Hören und Greifen, zu koordinieren. Damit verbunden ist der Aufbau komplexer Handlungs-abläufe und die Verfolgung und Bewertung der Wirksamkeit eigener Handlungen (AHNERT 2005, S.19). PIAGET erklärte dies mit dem Übergang von der sensomotorischen zur präopera-tionalen Stufe. Kinder entwickeln laut seiner Theorie zunächst eine innere symbolische Repräsentation von Gegenständen, die unabhängig von ihrer Wahrnehmung oder ihrer Hand-lung ist (siehe ZIMBARDO & GERRIG 1999, S.464). Die auf der Basis von Klassifikationspro-zessen analogen Schlüsse des Kindes sind jedoch an das anschaulich bezogen Wissen gebunden – Kinder glauben, was sie sehen. Die Überzeugung, dass ein Spielzeugauto nicht mehr existiert, wenn es nicht mehr sichtbar ist, zeugt von alterstypischen Denkvorgängen. In einem Prozess der aktiven Auseinandersetzung erlernen Kinder die qualitativen Invarianzen ihrer Umwelt und überwinden auf diese Weise kognitive Konflikte (vgl. AHNERT 2005, S.23). Dem Prozess des eigenständigen Erkundens und Erfahrens ist besondere Bedeutung beizumessen, denn: „*Erfahrungen selbst zu machen ist für das Kind oft entscheidend, um Wahrnehmungen seiner Umwelt aufnehmen und verarbeiten zu können*" (HAUG-SCHNABEL & BENSEL 2007, S.20). Dazu zählen sowohl die Erfahrungen des Kindes in der Interaktion mit sich und seiner sachlichen Umwelt, als auch die Erfahrungen im Kontakt, im Austausch und in der Interaktion mit seiner sozialen Umwelt.

Eingebettet in die Konstruktion der Lebenswirklichkeit des Kindes ist die Sprachentwicklung. Zunächst im Zeichen phonetischer Diskriminierung des Sprachangebotes, der nachahmenden Lautbildung und des Erwerbs dialogischer Strukturen dient die Sprache mit zunehmendem Alter zur Erkundung der Welt (AHNERT 2005, S.19ff).

3.1.3.2 Soziale Interaktion

PAPOUŠEK (1994, S.34) nennt den menschlichen Säugling „ [...]*im biologischen Vergleich im Bezug auf seine integrativen und kommunikativen Fähigkeiten einen Frühentwickler, der aus dem frühen dyadischen Austausch optimal profitieren kann, wenn dieser auf seine Fähig-keiten und Grenzen und Entwicklungsprozesse abgestimmt ist.*" In diesem Sinn ist die Präfe-renz des Neugeborenen für die menschliche Stimme und das menschliche Gesicht zu verstehen, es handelt sich um die grundlegenden Fähigkeiten für die soziale Interaktion. Personen erkennt das Neugeborene als Interaktionspartner, es zeigt lebhaftere Mimik, Lippen- und Zungenbewegungen als beim Betrachten von Objekten (vgl. OERTER& MONTADA 2002,

S.154). Mit zwei bis drei Monaten setzt der Säugling sein Schreien als Kommunikation mit seinen Interaktionspartnern ein, sucht den Blick seines Gegenübers, lächelt und gurrt (ebd. S.154). Die prompte Reaktionsbereitschaft der Betreuungsperson in weniger als einer Sekunde, lässt den Säugling erkennen, dass seiner Handlung eine Reaktion folgt. Diese Kontingenz der elterlichen Responsivität steht in Abhängigkeit zur Qualität von Bindungsbeziehungen (KELLER in AHNERT 1998, S.165). Aus den Interaktionserfahrungen entwickelt der Säugling ein grundlegendes „soziales Wissen" und wachsende soziale Fertigkeiten. Zunehmend werden Gegenstände in die Interaktion mit einbezogen, gemeinsam die Aufmerksamkeit auf einen Gegenstand gerichtet (joint attention) und in Wechselspiele (z.B. einen Ball hin- und herrollen) einbezogen (vgl. OERTER& MONTADA 2002, S.183). Erwachsene werden als soziale Bezugspunkte gesehen und der Umgang mit Gegenständen orientiert sich am Vorgehen des Erwachsenen. So zieht die Identifikation mit den Bezugspersonen die Wahl der gleichen Mittel zum Erreichen eines Zieles nach sich. Kinder imitieren in diesem Stadium auch Verhaltensweisen, wie das Einschalten eines Lichtknopfes mit dem Kopf, auch wenn es für sie einfacher und natürlicher ist, die Hand zu benutzen (siehe dazu TOMASELLO 2003). Dem Erwachsenen wird von Seiten des Kindes eine Absicht in seinem Tun unterstellt. Das Lernen erfolgt durch die Person in dem Sinn, dass das Kind etwas über die Perspektive des Erwachsenen in der Situation wissen muss (ebd. S.40).

Mit zunehmendem Alter und der damit verbundenen Erweiterung der kognitiven Fähigkeiten verändert und vervielfältigt sich die soziale Interaktion des Kindes mit seinen Eltern und anderen vertrauten Personen.

Dabei erlebt die Erfahrung der Kausalität in den frühen Interaktionsituationen z.B. durch prompte Rückmeldung eine Erweiterung im sozial-physikalischen Kontext. Das Kind erlebt sich selbst als den Verursacher von Effekten durch die Erkundung der gegenständlichen Welt. Mit diesem Verständnis der Selbstwirkung ist der Vertrauenserwerb in die eigenen Fähigkeiten verbunden (vgl. KELLER 1998, S.167). Das Kind kann sich vor Beginn seiner Handlung sein Handlungsziel vorstellen und sieht sich selbst als dessen Ursprung. Das emotionale und motivationale starke Engagement des Kindes führt bei einer Handlungsunterbrechung zum „Systemzusammenbruch" – einer Trotzreaktion (OERTER & MONTADA 2002, S.203). Dabei prallen das kindliche Verständnis der Normen und Regeln seiner erziehenden Umwelt mit seinen eigenen Vorstellungen und dem Wunsch ihrer Verallgemeinerung aufeinander (AHNERT in ZWÖLFTER KINDER- UND JUGENDBERICHT (Hg.) 2005, S.23). Die soziale Interaktion ab dem zweiten Lebensjahr wird verstärkt von den Erziehungs- und Sozialisationsbemühungen der erziehenden Umwelt geprägt.

3.1.3.3   Bindungsentwicklung

Bereits im Alter von drei Monaten etabliert sich bei Säuglingen eine erste Form der Beziehungsqualität, die in Ausmaß und Art des gezeigten Blickkontaktes manifestiert ist (KELLER in AHNERT 1998, S.165). Die prompte Reaktionsbereitschaft und die „*affektive Qualität (Wärme)*" (ebd. S.165) auf die kindlichen Signale der Eltern als prototypische Bezugspersonen sind für Qualität der Bindungsbeziehung und die damit verbundenen entwicklungsspezifischen Interaktionsangebote an den Säugling von Bedeutung (vgl. KELLER 1998, S.165; OERTER & MONTADA 1998, S.244). Der Körperkontakt mit der „*haltenden Umwelt*" (WINNICOTT 1965 zit. nach KELLER 1998, S.165) ist ein ebenso wichtiger Faktor für den Aufbau der Bindungsbeziehung, da der unmittelbare Körperkontakt das Sicherheitsgefühl des Kindes wieder herstellt. MARY AINSWORTH ermittelte Hilfe des Fremde-Situations-Test drei Bindungsstile:

Bindungsstil A: unsicher-vermeidend	Bindungsstil B: sicher, balanciert	Bindungsstil C: ambivalent-unsicher
Kinder zeigten im Test wenig Emotionen, bei der Rückkehr der Mutter schmiegten sie sich nicht an, beschäftigten sich stattdessen weiter mit ihrem Spielzeug.	Kinder zeigten, wenn sie alleine gelassen wurden, mehr oder minder intensiv ihren Kummer. Bei Rückkehr der Mutter waren sie wie erlöst, suchten kurz Körperkontakt um dann fröhlich weiter zu spielen.	Auf Annäherung von fremden Personen reagierten Kinder empfindlich, zeigten lautstark ihren Kummer. Bei Rückkehr der Mutter suchten sie einerseits den Kontakt, widersetzten sich aber auch Kontakt- und Interaktionsversuchen.

(vgl. OERTER & MONTADA 2002, S.97ff)

Die Bindungsqualität wird weitgehend von der Feinfühligkeit und Verfügbarkeit der Hauptbezugspersonen bestimmt. Je nach Temperament des Kindes und der familiären Lebenssituation sind die Anforderungen unterschiedlich ausgeprägt (HAUG-SCHNABEL & BENSEL 2007, S.10). Die Bindung des Kindes ist nicht auf eine Person beschränkt und der Bindungstyp stellt keine Persönlichkeitseigenschaft des Kindes dar, sondern entspricht seiner spezifischen Beziehung (OERTER & MONTADA 2002, S.201). Mit zunehmender Mobilität erweitert das Kind seine Bindungsbeziehungen und neue Mechanismen zum Bindungsaufbau entstehen. Zum Aspekt der Sicherheit kommen das Bedürfnis nach Ermutigung und der Unterstützung beim kindlichen Erkundungsbedürfnis hinzu, welche vor allem in der Vater-Kind-Beziehung Berücksichtigung finden (AHNERT in ZWÖLFTER KINDER- UND JUGENDBERICHT (Hg.) 2005, S.24) Die Art und Qualität der frühen Beziehungsmuster wirken sich auf den weiteren Verlauf der Biographie und der Lebensstrategie des Individuums aus. Die in der frühen Eltern-Kind-Bindung erfahrene Sicherheit bildet die Vorraussetzung für den Erwerb von Wissen und

Fähigkeiten, die es dem Kind ermöglichen, sich auf sich selbst zu verlassen, sich von den Eltern zu lösen und seine Umwelt zu erkunden (KELLER 1998, S.166). Für Pädagogen bedeutet dies, den Aufbau von sicheren Bindungen als Basisaufgabe ihres professionellen Handelns anzuerkennen.

3.1.3.4   Selbstwertgefühl und Identität

Das „Sozialorgan" Gehirn ist laut HÜTHER & BONNEY in besonderer Weise für Aufgaben optimiert, die unter dem Begriff „psychosoziale Kompetenz" zusammengefasst werden (HÜTHER & BONNEY 2002 zit. nach HAUG-SCHNABEL & BENSEL 2007, S.21). Für das Gehirn besteht der entscheidende Anreiz, Erfahrungen Bedeutung beizumessen, in der emotionalen Aufladung der Situation durch eine vertraute Bezugsperson. In diesem Sinne ist der Begriff des „kompetenten Säuglings" zu verstehen. Das Individuum verfügt noch nicht über echtes Selbst-Bewusstsein, kann jedoch anhand seiner Selbstwahrnehmung zwischen „Selbst" und „Nicht-Selbst" unterscheiden (vgl. HAUG-SCHNABEL & BENSEL 2007, S.22). Bereits durch die ersten Interaktionserfahrungen erhält das Kind vermutlich eine intuitive Vorstellung über sich selbst. Doch erst in der Mutter-Kind-Beziehung kann das Kind ein Gefühl der eigenen Wertigkeit empfinden (vgl. AHNERT in ZWÖLFTER KINDER- UND JUGENDBERICHT (Hg.)2005, S.22). Die Entdeckung des Kindes mit etwa 18 Monaten, gleichzeitig im Spiegelbild und real zu existieren aber doch nur eines zu sein, ist ein markanter Entwicklungsschritt (vgl. OERTER & MONTADA 2002, S.194). Das Kind erlebt sich nun nicht mehr nur als Subjekt, sondern indem es sich selbst begegnet und bezeichnet, auch als Objekt. Verbunden damit ist auch die Entdeckung Handelsträger und Besitzer von Gegenständen zu sein. Besitzansprüche werden massiv mit dem Hinweis „Meins!" verteidigt. Diese betonte Abgrenzung des Selbst von anderen mitagierenden Erwachsenen und Kindern, zu Beginn häufig unbeholfen und unbeherrscht, ist ein Zeichen für die Individualisierung des Kindes. (OERTER & MONTADA 2002, S.195, AHNERT 2005, S.25). Gleichzeitig mit den kindlichen Individualisierungsbestrebungen tritt das Bedürfnis nach Gemeinschaft auf. Besonders andere Kleinkinder, die als „*wie es selbst*" (OERTER & MONTADA 2002, S.195) erlebt werden, ziehen das kindliche Interesse auf sich. Zudem imitieren Kleinkinder ausgewählte Personen aus ihrer Umgebung.[14] Die Auswahl der Vorbilder wird vor allem durch das Geschlechtsmerkmal bestimmt. Die Zuordnung der eigene Person zu einem Geschlecht und die Übernahme der geschlechtstypischer Verhaltens-

---

[14]   Auszug aus einem Leidensbericht eines geplagten Vaters: „ *Für meine Tochter Malena gibt es zur Zeit nur zwei Farben: Rosa und Glitzer. Rosa sind ihre Kleider, T-Shirts, Strümpfe und Glitzer ist überall[...]Wenn ich morgens mit einer Hose für sie ankomme, laufen den Tränen: "Ohne Rock bin ich nicht schön!" Also trägt sie einen Rock und dazu Lipgloss. Habe ich erwähnt, dass Malena noch nicht einmal drei Jahre alt ist? Die Antwort meiner Mutter, einer Entwicklungpsychologin: "Malena wird gerade klar, dass es zwei Geschlechter gibt. Sie identifiziert sich mit den Frauen und kopiert sie. Dieses Rollenverhalten wird ihnen fast immer von der Mutter vorgemacht." Meine Frau ist also Schuld! Doch meine Frau schminkt sich nicht, ist eher der natürliche Typ. [...]Ich hole das Ballettröckchen und bringe meine Tochter in die Kita. Dort finde ich die Wurzeln des Problems. Durch die Tür fliegen zwei ältere Freundinnen herein. Als Prinzessin und als Ballerina verkleidet.*" (Tobias Schönpflug, Ein Mann sieht rosa In: Luna Magazin,Nr.9 Herbst 2007, S.70)

muster und Eigenschaften setzt ein (vgl. OERTER & MONTADA 2002, S.220; AHNERT 2005, S.25).In der Interaktion mit der erziehenden Umwelt erfährt die kindliche Geschlechtszuordnung die weitere Ausformung. Geschlechtstypische Ausprägungen werden von Kleinkindern dabei in dem Maße angenommen, wie sie die Angebote für sich als angemessen akzeptieren (AHNERT 2005, S.25).

3.2 Kindheit soziologisch

Anders als in der Entwicklungspsychologie hat das Leben von Kleinstkindern in der Soziologie bislang wenig Beachtung gefunden. Die soziologische Kindheitsforschung, die sich seit den 1970er Jahren etabliert hat, beschäftigte sich mit Kindern und Kindheit vornehmlich aus sozialisationstheoretischer Sicht[15]. Die Soziologin HELGA KELLE (2005, S.93) unterstellt ihren Kollegen, dass sie der frühen Kindheit sowie deren Generationsbeziehungen einen „natürlicheren" Status als späteren Entwicklungsphasen zuschreiben. Diese kulturell abhängige Grenzsetzung sieht sie als Ursache, dafür, dass die Kindheitssoziologie bislang Schwierigkeiten hat, ihren Blick auf kleine Kinder zu richten. Wenn auch die Altersgruppe der unter Dreijährigen keine spezifische Berücsichtung in der soziologischen Kindheitskonstruktion erfährt, so lassen doch die Aussagen zu Kindern und Kindheit Schlüsse auf die soziologische Wahrnehmung der Jüngsten zu. Im folgenden Abschnitt wird das aktuelle Paradigma der soziologischen Kindheitsforschung beschrieben, das Kinder nicht als „Werdende" sondern als „Seiende" begreift, um daran anschließend die Bedeutung der Bevölkerungsgruppe Kinder für die Gesellschaft darzustellen.

3.2.1 Kinder als soziale Akteure

Kindheit, schreibt ARIES (2007, S.92ff) in seiner „Geschichte der Kindheit", sei eine soziale und kulturelle Erfindung, die erst ab dem 16. und 17. Jahrhundert ins allgemeine Bewusstsein getreten ist. Infolge ökonomischer, politischer und kultureller Transformationen hat Kindheit sich seit ihrer Entdeckung verändert. Die Lebenssphären von Erwachsenen und Kindern waren weder räumlich noch kulturell getrennt. Arbeit, Spiel, Haushalt und Leben fanden gemeinsam statt und Kinder waren auch am Erwerb des Lebensunterhaltes beteiligt und so früh in die Sorgen und Aktivitäten mit einbezogen.

Die gesellschaftlichen Demokratisierungsprozesse der Moderne haben im 20. Jahrhundert den Anspruch aller Menschen auf Akzeptanz als Individuum und die Entfaltung der Individualität in den gesellschaftlichen Strukturen verankert. In diesem Sinne werden Kinder als Bevölkerungsgruppe und als Subjekt ihres Lebens wahrgenommen. (HENGST & ZEIHER 2005, S.10). Das Bild des Kindes hat sich von einem abhängigen und nicht-sozialen Wesen, das auf seine Mitgliedschaft in der Gesellschaft noch vorbereitet werden muss, hin zu einem aktiven, selbst bestimmten Gestalter und Konstrukteur seines Lebens gewandelt. Kinder konsumieren, so

---

[15] Eine Übersicht der theoretischen Strömungen der soziologischen Kindheitsforschung bieten Hengst & Zeiher (Hg.), Kindheit soziologisch. Wiesbaden: Verlag für Sozialwissenschaften 2005

QVORTRUP nicht lediglich passiv die Ressourcen und das Wissen der Erwachsenen und entfalten ihr Potential erst zu einem zukünftigen Zeitpunkt, sondern Kinder sind als Kinder *„Beitragende, Verhandelnde, Produzenten und Reproduzenten* [...] *und Koproduzenten ihrer eigenen Entwicklung"* (ders. 2005 in HENGST & ZEIHER, S.28). Dem soziologischen Paradigma liegt, dieser Denkweise folgend, die Annahme zu Grunde, dass Kinder als soziale Akteure von Beginn an ein Teil der Gesellschaft und in diese integriert sind. Kindheit ist dabei in jeder Gesellschaft als eine vom Individuum unabhängige Kategorie zu verstehen (ebd. S.28).

Kindheit als strukturelle Kategorie nimmt immer wieder neue Generationen von Kindern auf, dabei bleibt sie jedoch nicht unverändert. In dem Maß, in dem sich die Parameter, die Kindheit beeinflussen, definieren, formen und verändern, befindet sich auch die Kindheit im Wandel. Charakteristische Parameter sind die Ökonomie, das soziale Leben, die Politik, die Kultur, die Technologie und die Ideologie einer Gesellschaft (ebd. S.28f).

3.2.2   Vom Wert des Kindes

Kinder repräsentieren das Interesse von Gesellschaften sich zu reproduzieren. Als Aufwachsende, die zu gesellschaftlich handlungsfähigen Erwachsenen gemacht werden müssen, sind sie von Bedeutung, so EMILE DURKHEIM 1922 (zit. nach Swiderek et al 2006, S.5). Das aktuelle Verständnis von Kindheit weist Kinder als aktive Subjekte, die in die Gesellschaft integriert sind, aus. Kindliche Lebensweisen sind wesentlich von den psychischen, sozialen und kulturellen Gegebenheiten ihrer Lebenswelt geformt (ebd. S.7). Diese Lebenswelt ist bestimmt von den individuellen Lebensplänen der Erwachsenen. Individualisierung, ökonomische Nachfrage nach Arbeitsplätzen und Demokratisierung haben eine zunehmende Beteiligung von Frauen an Bildung und Erwerbsarbeit nach sich gezogen (QVORTRUP in HENGST & ZEIHER 2005, S.41; vgl. Kapitel 2.1). Andererseits schlägt sich DURKHEIMS These des gesellschaftlichen Wunsches nach Reproduktion nieder in der durch den PISA-Schock verstärkt zum Ausdruck gebrachten Notwendigkeit der Bildung von „Humankapital" (WINTERSBERGER in HENGST & ZEIHER 2005, S.191). Der Reduzierung des Kindes als Zukunftsinvestition steht die Bewertungsregel gegenüber, *„dass Kinder nur nutzlos die ganz besondere Wertschätzung erhalten, die ihnen zusteht, nur nutzlos also zum Teuersten werden können"* (BÜHLER-NIEDERBERGER in HENGST & ZEIHER 2005, S.114). SCHWEIZER (2007, S.383) erkennt in der Unterscheidung von öffentlicher Nützlichkeit und privater Sinnstiftung durch Nutzlosigkeit „[...] *ein gespaltenes kulturelles Bewusstsein und eine wachsende Unsicherheit über den Sinn und Wert oder die Zukunft von Kindern* [...]"

Das in gesellschaftliche und generationale Beziehungen verwobene Kind dient seinen Eltern auf der emotionalen und sentimentalen Ebene zur Verwirklichung ihrer Individualität. Für die Gesellschaft stellen Kinder, denen Bildung - bereits von Geburt an - zugänglich gemacht wird, einen zeitlichen Transfer von Ressourcen dar. Die ältere Generation sieht den Wert des Kindes im Hinblick auf die zu erwartenden Transferzahlungen in Form von finanzieller und praktischer Altervorsorge und Pflege (WINTERSBERGER 2005, S.196). Schweizer beschreibt die gesellschaftliche Bedeutung von Kindern außerdem als *„Option unter Optionen"* in modernen Lebensentwürfen, die besonders Frauen in ein moralisches und lebenspraktisches Dilemma stürzen (ders 2007, S.384). Die individuelle Entscheidung für oder gegen ein oder mehrere Kinder kollidiert mit der Notwendigkeit von Kindern für den gesellschaftlichen und wirtschaftlichen Fortbestand.

3.3   Die Null- bis Dreijährigen in der Pädagogik

Eine Pädagogik der frühen Kindheit als eigenständige Teildisziplin der Erziehungswissenschaft, gibt es seit der Entdeckung der frühen Lebensjahre als Bildungszeit. Erst als das Kind als mitbestimmender Faktor in der Pädagogik einen Platz gefunden hatte, konnten auch die Lebensalter und ihre unterschiedlichen Anforderungen an pädagogisches Handeln und Denken bedeutsam werden. Im Zuge dieser Entwicklung erkannte FRIEDRICH FRÖBEL als einer der ersten die spezifischen Bedingungen einer Pädagogik der frühen Kindheit und die Bedeutung der frühen Kindheit als Bildungszeit (vgl. SCHÄFER, uni-koeln.de am 23.10.2007). Diese Entdeckung ist wegweisend für das Bild des Kleinkindes zwischen drei und sechs Jahren.

Die Entdeckung des frühesten Kindesalters als Bildungs- und Erziehungszeit gewinnt erst in der neueren Vergangenheit an gesellschaftlicher Bedeutung, zieht das wissenschaftliche Interesse auf sich und gezielt pädagogisches Handeln nach sich.

Im folgenden Abschnitt werde ich das Bild des Kindes, das dem Grundgedanken der „Bildung von Geburt an" zugrunde liegt, darstellen und anschließend die pädagogischen Bedürfnisse der unter Dreijährigen beschreiben.

3.3.1   Das Kind als Akteur

Die Kinderforschung der letzten zwei Jahrzehnte hat das Bild eines aktiven, sich aus eigener Initiative und mit eigenen Mitteln bildenden Kindes entwickelt (vgl. Kapitel 3.1 und 3.2). Die Erziehungswissenschaft bedient sich bei der Konstruktion des Kinderbildes der Erkenntnisse ihrer Nachbarwissenschaften. Das Bild vom Kind ist daher nicht *„von wirklichkeitsfernen Erziehungswissenschaftlern am Schreibtisch ausgedacht"* (SCHÄFER 2007, S.36), sondern basiert auf den empirischen Erkenntnissen der modernen Säuglingsforschung, der modernen Wahrnehmungsforschung und der modernen Tiefenpsychologie.

Kindheit wird als biologische Realität anerkannt. Die gesellschaftliche Konstruktion, was Kindheit bedeutet, dehnt sich darüber hinaus auf die „Natur" des Kindes aus. Jedes Kind spiegelt wieder, was die Gesellschaft in seinem Kindsein für wichtig hält. Doch das Kind ergibt sich diesen Erwartungen nicht ohnmächtig, sondern setzt die Rahmenvorgaben auf seine individuell und biografisch einmalige Weise um (SCHÄFER 2007, S. 40f). Jedes Kind wird gesehen als einmalig und unverwechselbar, als ein eigenständiges Individuum mit

Stärken und Schwächen, mit besonderen Bedürfnissen, individuellen Gefühlen und Erfahrungen. Die Anerkennung des Kindes als vollwertige Persönlichkeit liegt diesem Verständnis erzieherischen Denkens und Handelns zugrunde.

3.3.2 Pädagogische Anforderungen von Kleinstkindern an ihre Umwelt

Kinder haben einen eigenen Kopf, mit dem sie die Welt erfahren. Dieser treibt sie dazu an, sich mit ihrer Umwelt auseinander zu setzen, ihre Lebenswelt zu erkunden, sich darin zu erproben, sich dabei zu bewähren und zu lernen. Es ist diese Auseinandersetzung mit ihrer sozialen und kulturellen Umwelt, die sie zu autonomen Individuen heranwachsen lässt (vgl. Kapitel 3.1.3). Die ihr entsprechenden Bedürfnisse von Kleinstkindern fordern von ihrem (pädagogischen) Umfeld die Bereitstellung einer Lebenswelt, die sie in ihrer Selbstentwicklung und Selbstbildung fördert.

3.3.2.1 Eingewöhnung

Die Erkenntnis, dass außerfamiliäre Betreuung für ein Kleinstkind zu einer außergewöhnlichen Belastung werden kann, hat in den vergangenen zehn bis fünfzehn Jahren ein Umdenken in der Eingewöhnungspraxis von kleinen Kindern an Kindertagesstätten und Krippen eingeleitet.

In der Vergangenheit kamen Kinder zum ersten Mal in „ihre" Einrichtung, wenn sie ihren ersten Betreuungstag dort hatten. Nach wenigen „Aufwärmminuten" erfolgte dann die für das Kind völlig unverständliche Trennung von der Mutter, häufig durch deren Wegschleichen, während das Kind spielte. Ergebnis dieses Vorgehens war, dass die Kinder sich am nächsten Tag in der Einrichtung verzweifelt an ihre Mütter klammerten um „[…]*das Unglück, allein gelassen zu werden* […]" nicht noch einmal ertragen zu müssen (HAUG-SCHNABEL & BENSEL 2007, S.31).

Der Übergang von der Familie in eine Krippe stellt eine kritische Phase für das Kind dar. Während dieser ersten Tage und Wochen muss es sich mit der neuen Umgebung vertraut machen und eine tragfähige Beziehung zur Erzieherin aufbauen (vgl. LAEWEN & ANDRES & HÉDERVÁRI 2007, S.15). Brückenbauer für diesen Übergang ist die primäre Bezugsperson des Kindes. Sie kennt das Kind am besten und sein Vertrauensträger. Die Anwesenheit einer vertrauten Person ist in der ersten Zeit ausschlaggebend für das Kind, da sie laut LAEWEN ET AL wie ein „*sicherer Hafen*" gegen die Verunsicherung des Kindes durch die neuen Eindrücke und Erfahrungen wirkt (ebd. S.24). Die Bindungsperson ist ausschlaggebend für die Erkundungsbereitschaft eines Kindes im Eingewöhnungsprozess, einem aktiven Anpassungs- und Lernprozess. Zu diesem Prozess gehört der Aufbau einer vertrauensvollen, bindungsähnlichen Beziehung zur Erzieherin, der für das Kind die Funktion der „sicheren Basis" während der Abwesenheit der Eltern übernehmen kann. Die Gesamtdauer dieser elternbegleiteten Eingewöhnung orientiert sich am Verhalten des Kindes, erst wenn es eine tragfähige Beziehung zu einer Erzieherin aufgebaut hat, kann es auf die Anwesenheit seiner Eltern in der Krippe verzichten (HAUG-SCHNABEL & BENSEL 2007, S.33; LAEWEN & ANDRES & HÉDERVÁRI 2007, S.36).

3.3.2.2   Schlaf

Ein Drittel unseres Lebens verbringen wir Menschen schlafend. Dieser Schlaf bietet uns die Möglichkeit uns zu erholen, unsere Energievorräte aufzufüllen und die Erfahrungen der Wachzeit zu verarbeiten. Der menschliche Schlafrhythmus wird vom natürlichen Tag-Nacht-Zyklus beeinflusst. Säuglinge und Kleinstkinder schlafen zwischen 16 und elf Stunden am Tag, drei- bis zehnjährige Kinder etwa zehn Stunden und Jugendliche und Erwachsene etwa acht Stunden (vgl. ZIMBARDO & GERRIG 1999, S.184). Kleine Kinder schlafen jedoch nicht 16 Stunden am Stück, zu einer längeren Nachtschlafphase kommen bei jedem Kind unterschiedlich viele und lange Schlafphasen am Tag.

Elternratgeber mit Titeln wie „Jedes Kind kann schlafen lernen" (KAST-ZAHN & MORGEN-ROTH 2004) verweisen auf die möglichen Probleme zwischen Kindern und ihren Eltern bei diesem Thema. Schlafen erfüllt nicht nur eine biologische Funktion, sondern stellt auch einen sozialen Prozess dar. Kulturspezifische Gepflogenheiten, wechselnde Moden und der Vergleich mit anderen Kindern und deren angeblicher vorbildlicher Schlafgewohnheiten üben Druck auf die Eltern aus. Die Abstimmung des elterlichen auf den kindlichen Rhythmus stellt eine *„außerordentlich anspruchsvolle Aufgabe"* für die Eltern dar, die mit Hilfe von Beobachtung, Selbstbeobachtung und viel Einfühlungsvermögen bewältigt werden kann (VON DER BEEK 2006, S.144).

Einrichtungen für Kleinstkinder müssen die besonderen Schlafbedürfnisse und Schlafgewohnheiten ihrer Zielgruppe in ihrem Tagesablauf und ihrer Raumgestaltung berücksichtigen. Gibt es in der Einrichtung eine feste Schlafenszeit, z.B. nach dem Mittagessen, führt das laut VON DER BEEK (2006, S.147) dazu, dass sich die meisten Kinder bereitwillig schlafen legen. Das „Sich-schlafen-legen" eines Kindes in der Krippe sieht die Autorin als einen guten Indikator für eine gelungene Eingewöhnung. Die Krippe vermittelt ihm das nötige Vertrauen, sich dem Schlaf hinzugeben (ebd. S.147).

Durch die in den meisten Einrichtungen realisierten Gruppenschlafplätze unterscheidet sich das Schlafen in der Krippe für die Kinder vom Schlafen in der Familie. Zuhause schlafen Kinder, während andere Familienmitglieder noch wach sind und dann häufig in eigenen, von den Eltern getrennten Räumen. In der Einrichtung schlafen sie mit anderen Kindern in einem Raum und/oder sogar auf einer Matratze. Dieses gemeinsame Schlafen, so VON DER BEEK (2006, S.148f), bietet den Kindern die Möglichkeit ihre Zuneigung zueinander durch Streicheln oder aneinander kuscheln auszudrücken und die beruhigende körperliche Nähe, die sie beim Allein-Schlafen vermissen.

3.3.2.3 Pflege

Wickeln, Waschen, Anziehen und Füttern sind die Tätigkeiten, während denen Säuglinge und Kleinstkinder wesentliche sozialer Erfahrungen machen, EMMI PIKLER hat dafür den Begriff der „*Beziehungsvollen Pflege*" eingeführt (PIKLER U.A. 2005; siehe Kapitel 5.6.3). Das Kind bringt der Erzieherin einen Vertrauensbeweis entgegen, wenn es sich von ihr wickeln lässt, denn die Wickelsituation bedeutet intensiven Kontakt, zu dem das Kind bereit sein muss (HAUG-SCHNABEL & BENSEL 2007, S.57). Die Kommunikation vor der Aktion - „*Darf ich dich wickeln?*" - und währenddessen, dem Kind zu erzählen, was man gerade mit ihm macht, es in das Handeln mit einzubeziehen, weckt sein Selbstwirksamkeitsgefühl. Die zugewandte und feinfühlige Gestaltung des Wickelns aber auch anderer Tätigkeiten der Pflege durch die Erzieherin, stärkt die Beziehung und bildet die Basis für das Erkundungsverhalten des Kindes in der Einrichtung (ebd. S.57). Körperliche Pflege ist kein technischer Ablauf, der so schnell wie möglich erledigt werden muss, um Zeit für Erziehung zu gewinnen. Das Kind ist kein Objekt, das gepflegt wird, sondern ein aktives Wesen, Ereignisse und Beziehungen werden von ihm beeinflusst. Positive Pflegeerfahrungen ermöglichen es dem Kind, seinen Körper kennen zu lernen, seine Selbstwirksamkeit im Umgang mit Erwachsenen zu erfahren und die „[…]*von seiner Haut gebildete Grenze, die das Ich vom Nicht-Ich scheidet, zu akzeptieren*" und sind daher auch als Erziehungsarbeit zu betrachten (FALK in PIKLER 2007, S.53).

3.3.2.4 Frühkindliches Spiel

Spielen, das bedeutet für ein Kind seine Welt zu erkunden, sich selbst auszuprobieren und dabei etwas zu tun, was Spaß macht. Bereits der Philosoph PLATO vertrat die Auffassung, dass Spiel die beste Übung für frühes Lernen sei und erkannte das Spiel als eine natürliche Aktivität der Kindheit an (vgl. CROWTHER 2005, S.26).

Die Bedeutung des Spiels für die kindliche Entwicklung wird von der Neuropsychologie gestützt. Forschungen zeigen, dass es in den ersten sechs Lebensjahren sensible Phasen gibt, während derer sich bestimmte Teile oder Funktionen des Gehirns gut entwickeln (MCCAIN & MUSTARD 1999 zit. nach CROWTHER 2005, S.29). Das kindliche Spiel als alltägliche Aktivität des Kindes übernimmt in diesen sensiblen Phasen eine kognitive, emotionale, sensomotorische und soziale Entwicklungsfunktion. Diese biologische Funktion drückt sich in der Übung von Körpergeschicklichkeit im Objektspiel, die Entwicklung kognitiver Fähigkeiten im Symbolspiel und die Entfaltung von Beziehungen im Sozialspiel aus (vgl. SCHÄFER 2005, S.172). EINSIEDLER (1991 zit. nach ebd. S. 172) schreibt dem Spiel darüber hinaus eine kulturelle Funktion zu. Dieser ordnet er künstlerische Spiele zu: „*Die Funktion dieses Spielens ist das Vergnügen, die Freude am Ausführen; solche Spiele sind verselbstständigt, haben einen kulturellen Eigenwert und sind mit Aktivitäten wie Musizieren, Musik hören, Tanzen oder bildnerisch tätig sein, vergleichbar.*"

Die Aufgabe der erwachsenen Umwelt im Allgemeinen und der pädagogischen im Speziellen ist es, die Umgebung den Bedürfnissen der Kleinstkinder so anzupassen, dass ihre Spiel- und damit auch Lernprozesse befriedigt werden. Umgebung beinhaltet dabei sowohl das pädagogische Handeln und als auch die Gestaltung der Räumlichkeiten.

4. BildungErziehungLernen

Mit der Sorge um den Wirtschaftstandort Deutschland im Zuge der ökonomischen Globalisierung ist das Thema Bildung in den Blickpunkt des öffentlichen Interesses gerückt. Das Argument, Deutschland als rohstoffarmes Land müsse in Bildung als Ressource investieren (vgl. z.B. Rede vom ehemaligen Bundespräsidenten ROMAN HERZOG (1997) *Bildung und Elite: Wissen ist die wichtigste Ressource* www.bundespraesident.de), zieht als positiven Nebeneffekt nach sich, dass die Bildungsdiskussion auch in die vorschulischen Institutionen Einzug gehalten hat und die Bedeutung der „Bildung von Geburt an" in aller Munde ist. Dabei bleibt der Begriff „Bildung" ohne einheitliche Definition im Raum. Das Bildungssystem und die wissenschaftliche Lehre und Forschung werden, so SCHWEIZER (ders. 2007, S.401), im Zeitalter der Wissensgesellschaft allgemein aufgewertet aber zugleich stärker an die Ökonomie gebunden und so ihrer relativen Autonomie beraubt.

Das folgende Kapitel stellt eine Annäherung an den Begriff Bildung dar, den der Erziehungswissenschaftler DIETER LENZEN (1997 zit. nach LAEWEN in LAEWEN & ANDRES 2002, S.16) als „*deutsches Container-Wort*" bezeichnet hat. Dabei soll im Vordergrund stehen, wie Bildung im Zusammenhang mit Kleinstkindern verstanden werden kann, in welcher Beziehung Erziehung und Bildung zueinander stehen und wie dieses Verständnis pädagogisches Handeln in Bezug auf die Gestaltung von Lernprozessen beeinflusst.

4.1 BILDUNGErziehungLernen

Paideia – das griechische Konzept der Formung des Menschen zur Vollkommenheit an Leib und Seele wird heute mit Bildung übersetzt (vgl. LÖW 2006, S.20). Bereits das antike Verständnis von Bildung als Menschenformung vereinte die Bedeutung der individuellen Prägung mit der Notwendigkeit des Einzelnen für das Gemeinwesen. Die Betonung der gesellschaftlichen Bedeutung von Bildung vor allem hinsichtlich eines kulturellen Reproduktionsgedankens (vgl. Kapitel 3.2) hebt die „Notwendigkeit des Einzelnen für das Gemeinwesen" hervor und vernachlässigt die Wertigkeit des Individuums. Bildung, in Anknüpfung an Wilhelm von Humboldt, als Aneignungstätigkeit des Menschen, der sich ein Bild von der Welt macht, ist mehr als ein messbares, international konkurrenzfähiges Gut (vgl. LÖW 2006, S. 21).

Der Mensch, ob Kind oder Erwachsener, macht sich aktiv ein Bild von der Welt, von den anderen in dieser Welt und erlebt und erkundet das Weltgeschehen – der Mensch setzt sich mit der Welt in Beziehung (vgl. LAEWEN 2002, S.17). Der Aufbau dieser Subjekt-Welt-Relation (TENORTH 1997 zit. nach LAEWEN 2002, S.17) geht auf die Selbsttätigkeit im Entwicklungsprozess des Menschen zurück. Lernen aus zweiter Hand geht schneller, man bekommt seine Wahrnehmungen logisch geordnet „geliefert". Erfahrungen lassen sich zwar in Sprache fassen, umgekehrt kann Mitgeteiltes aber nicht in diese umgewandelt werden. Erlebtes, das ein Kind mitgeteilt bekommt, wird noch lange nicht zur eigenen Erfahrung des

Kindes. Sicher erfährt es auf diesem Weg etwas, doch um etwas in seiner Bedeutung einschätzen zu können, es zu überprüfen und in bereits bekanntes einordnen zu können, ist es auf eigene, reale Erfahrungen angewiesen (vgl. HAUG-SCHNABEL & BENSEL 2005, S.15). In diesem Sinne, kann man nicht (von anderen) gebildet werden, sondern jeder muss sich selbst bilden (SCHÄFER 2005, S.27). Dieses Konzept der Selbstbildung bekommt in frühpädagogischer Perspektive durch die Erkenntnis besondere Bedeutung, dass in den ersten Lebensjahren Bildungsprozesse stärker auf der Eigenaktivität des Subjektes beruhen, als das in späteren Lebensphasen (Schule, Universität, Weiterbildung) der Fall ist (vgl. FRIED ET AL 2003, S.17). Bildungsprozesse bei Kleinkindern dürfen, darauf weist SCHÄFER hin (ders. 2005, S.28) jedoch nicht mit Lernprozessen verwechselt werden. Bildung stellt einerseits den Zusammenhang zwischen neuen Erfahrungen und bereits Erlebtem und Gedachtem her, andererseits zwischen dem augenblicklichen Selbstentwurf und den Entwürfen, die in der Vergangenheit erstellt wurden. Bildungsprozesse finden in einem breiteren kontextuellen Rahmen statt, Bildung ist Lernen im Kontext (SCHÄFER 2007, S.18). Jedes Kind lebt in seinem individuellen Kontext, der sich aus seiner biologischen Entwicklung und den Erfahrungen in seiner sozialen Umwelt konstituiert und damit die Art und Weise seiner subjektiven Aneignung und Verarbeitung bestimmt (SCHÄFER 2005, S.28). Dieses Verständnis von Bildungsprozessen setzt voraus, „[…] *das Kind als ein Wesen zu betrachten, das den Austausch mit seiner Umwelt selbsttätig und sinnsuchend reguliert*" (SCHÄFER ohne Jahr zit. nach LAEWEN 2002, S.62). Die Erfahrungen dieses Austausches erschließt sich das Kind anhand seiner eigenen Geschichte. Dazu ist es auf „[…] *ein breites Spektrum an Wahrnehmungen angewiesen, die nicht getrennt werden sollten, wenn man will, dass Wahrnehmungen sich in Erfahrungen verwandeln*" (ebd.). Die Wahrnehmung über die Fernsinne (Augen, Ohren, Nase) die Körperwahrnehmung und die emotionale Wahrnehmung im Verbund mit der Deutung seiner konkreten Lebenserfahrungen stellen den Anfang des persönlichen Wachstums, der persönlichen Bildung, eines Kindes dar (vgl. SCHÄFER 2007, S.75). Diese „*sinnliche Grundbildung*" (SCHÄFER ohne Jahr zit. nach ebd. S.62) kann als Ausgangspunkt der Selbst- und Welterfahrung eines Kindes angesehen werden. Die Strukturierung der Wirklichkeit durch Wahrnehmungsprozesse stellt jedoch nur einen Teil der frühkindlichen Bildungsprozesse dar. Als Zusammenfassung der einzelnen „Komponenten" frühkindlicher Bildungsprozesse führt SCHÄFER den Begriff der „Selbstbildungspotenziale" ein, der an dieser Stelle vorgestellt wird (vgl. SCHÄFER 2007; S.180ff, SCHÄFER 2005).

Dem Konzept der Selbstbildungspotenziale liegt das Verständnis zugrunde, dass Kinder von Geburt an kompetente Wesen sind (siehe auch Kapitel 3.1). Die Strukturen und Kompetenzen, die der Säugling mit auf die Welt bringt, versetzen ihn in die Lage, in einer auf ihn abgestimmten Umgebung aktiv Beziehungen zu einer Umwelt aufzubauen. Die Qualität der Beziehung drückt sich in dem Maß aus, wie sehr sie dem Kind gestattet sich sicher zu fühlen, die Umwelt zu erkunden. Doch nicht nur interpersonale Beziehungen dienen der frühkindlichen Bildung. Auch zu Gegenständen, Bildern und Gedanken setzen Kinder sich in Beziehung und verleihen diesen über eine emotionale Wertung im Rahmen ihres Kontextes Bedeutung. Ausgehend von differenzierenden inneren Verarbeitungsmöglichkeiten entwickeln Kinder innere Repräsentationen der wahrgenommenen Wirklichkeit, Vorstellungskraft und Fantasie, sprachliches Denken und naturwissenschaftlich-mathematisches Denken. Diese Fähigkeiten werden jedoch nicht isoliert voneinander genutzt, vielmehr werden sie miteinander verknüpft und beim Lösen von Aufgaben in einer Wirklichkeit, die ebenfalls nicht nach Funktionen getrennt ist, eingesetzt. Um Lösungen zu finden müssen Kinder auch den Sinn von Dingen in ihrer Umwelt begreifen. Sinn können sie den Gegenständen zuschreiben, die sie erforscht haben.

Mit der Geburt beginnt also ein grundlegender Bildungsprozess, angetrieben von der Selbsttätigkeit des Kindes. Es übernimmt in dem Prozess der Weltaneignung nicht nur die angebotenen Konstruktionen, sondern es konstruiert sich vielmehr die Welt aus seiner subjektiven Perspektive neu und orientiert sich dabei an Erfahrungen aus der Interaktion mit seiner sozialen und sachlichen Umwelt (vgl. LAEWEN 2002, S.64). FTHENAKIS weist darauf hin, dass Bildungskonzepte sich jedoch nicht alleine auf die Selbstbildungspotenziale von Kindern verlassen können, da der Kontext in dem sich die Entwicklung des Kindes vollziehe, von zentraler Bedeutung sei für die pädagogische Arbeit sei (vgl. FTHENAKIS, www.familienhandbuch.de am 31.1.2008). Die Interaktionsprozesse zwischen Kind und Erwachsenen müssen von Geburt an im Mittelpunkt stehen und in einer Weise gestaltet werden, die Kindern ermöglicht, zu Ko-Konstrukteuren ihrer Entwicklung und ihres Wissens zu werden. Bildungsziele können sich daher nicht auf die Vermittlung von Kompetenzen beschränken, sondern müssen den Rahmen für die Entwicklung der Persönlichkeit, das Ausschöpfen der Selbstbildungspotenziale, die Vorbereitung auf künftige Lebenssituationen und den Ausgleich von Benachteiligungen ausgerichtet bieten, um *„Menschen in ihrem Leben zu verankern"* (vgl. DONATA ELCHENBROICH in PsychologieHeute compact, Nr.11, S.34). Bildung als Aneignung und Verankerung des Kindes in der Welt verläuft in dem Rahmen der von Erwachsenen gesetzten Bedingungen. Dieses Schaffen von Rahmenbedingungen kann als die Schnittstelle von Bildung und Erziehung betrachtet werden. Kinder können nicht wie Computer programmiert werden, ihre Bildungsprozesse sind vielmehr in soziale Bezüge eingebettet. In diesem Verständnis bedeutet Erziehung die Schaffung einer sachlichen und sozialen Umwelt, in der die Kinder sich selbst bilden können.

4.2 BildungERZIEHUNGLernen

Kinder erleben alles, was ihnen begegnet: Menschen und Dinge, soziale Räume und Zeiten, Sprachen und Gesten, Stimmungen und Beziehungen, Eigentum und Mangel. Die Summe dieser Erlebnisse bestimmt den individuellen Bildungsprozess (LIEGLE 2006, S.21).

In dem Verständnis, dass Bildung immer Aktivität des Kindes in Form von Selbstbildung ist und Kinder sich aus der Summe ihrer Erlebnisse mit der Umwelt bilden, bleiben laut LAEWEN (2002, S.73) „[...] *für Erziehung als Aktivität der Erwachsenen grundsätzlich zwei Formen, über die sie mit Bildung in Verbindung gebracht werden kann: die Gestaltung der Umwelt des Kindes und die Gestaltung der Interaktion zwischen Erwachsenem und Kind.*" Um eine den Selbstbildungsaktivitäten des Kindes angemessene Umwelt gestalten zu können, muss auf Seiten der Erziehenden Erziehung verstanden werden als „Entwicklungshilfe", die dem Kind einerseits Verbundenheit und andererseits Autonomie erfahrbar macht. „Entwicklungshilfe" wird in diesem Sinne verstanden als die Aktivität der Erwachsenen, die es dem Kind ermöglichen seine Entwicklungsaufgaben zu bewältigen (LIEGLE 2006, S.41). Die Erfahrung von Bindung ermöglicht erst die Entwicklung des Selbst-Seins, umgekehrt ermöglicht das Erleben von Autonomie erst eine frei gewählte und gestaltete Beziehung des Kindes zu Personen und seiner Umwelt.

Erziehung und damit auch Erziehungsziele konstituieren sich auf dem kulturellen Anliegen, Kinder in die Normen und Werte der Gesellschaft einzuweisen und dadurch zu vollwertigen Mitgliedern der Gesellschaft zu machen (LÖW 2006, S.22). Dabei bedarf es der Verständigung, welche Kulturbestände Erziehung als konkrete Tätigkeit haben soll (LAEWEN 2002, S.72). Erziehungsziele müssen als Absichten von Erwachsenen einerseits der kindlichen Selbstbildung gerecht werden, aber auch den gesellschaftlichen Normen und Werten, die sich in Erwartungen ausdrücken. Mit dem Wissen, Kinder auf eine Zukunft vorzubereiten, die wir selbst noch nicht kennen können, da sich die Welt in der wir leben in jeder Hinsicht in einem kaum überschaubaren Wandel befindet[16] kann sich die Erziehung nicht auf die Bereitstellung von heutigem Wissen und Verhalten beschränken, sondern muss die Kinder in die Lage versetzen, sich Forschergeist und Neugierde auf alles Neue zu erhalten und Problemlösefähigkeiten zu entwickeln. Die Entwicklung der Persönlichkeit, das Ausschöpfen der Selbstbildungspotenziale, die Vorbereitung auf künftige Lebenssituationen und de Ausgleich von Benachteiligungen, die SCHÄFER (2007, S.64) als Bildungsziele fordert, stellen die Erwachsenen vor die Aufgabe sowohl die sachliche Umgebung der Kinder als auch die sozialen Interaktionen bewusst zu gestalten.

Erwachsene müssen ihr Wissen darüber, dass die Gestaltung der Räumlichkeiten, ja des ganzen Gebäudes, darüber entscheidet, welche „[...]*Weltausschnitte den Sinneswahrnehmungen der Kinder zugänglich sind und welche Erfahrungen sie machen können [...] was zum Gegenstand kindlicher Weltkonstruktion werden kann*" (LAEWEN 2002, S.79) in ihr Handeln und Denken miteinbeziehen. Die Raumgestaltung soll den Rahmen für die Entwicklung sozialer Beziehungen der Kinder untereinander und zu den Erziehern ermöglichen, sowie jedem Kind die freie Wahl von Spielpartnern, Spielinhalten und Materialien bieten (VON DER BEEK ET AL 2006, S.7).

---

[16] HARTMUT HENTIG nennt es „[...]*den Wettlauf der Nationen im Zeitalter der Elektronik mit Datenautobahnen und Telematik, der Ökokatastrophen, der strukturellen Arbeitslosigkeit , der zweiten Völkerwanderung*" (ders. 1999, S.16)

Die Gestaltung von Kindereinrichtungen in Orientierung an den elementaren Bedürfnissen der Kinder nach Bewegung, Begegnung, Ruhe, Spiel und Gestaltung ermöglicht von Seiten der Erwachsenen die Auswahl von Sachverhalten, die Gegenstand der Konstruktionsleistungen der Kinder werden sollen. In Anerkennung des Raumes als „dritten Erzieher" (siehe Kapitel 5.7.3.4) rückt die Raumgestaltung in das Zentrum pädagogischer Aufgaben (vgl. LAEWEN 2002, S.81). Die Ausgestaltung der sozialen Umwelt beginnt zunächst mit dem Beziehungsaufbau zwischen Erzieher und Kind. Damit wird das Kind in die Lage versetzt, seine Umwelt zu erkunden und sich zu bilden (vgl. Kapitel 3.1.3.3). Auf Seiten der Erzieher besteht die Notwendigkeit Kindern dafür Situationen anzubieten, in denen sie ihre soziale Welt mit ihrer Definitionsmacht über Menschen und Dinge erfahren können (ebd. S.82). Exkursionen in die Umgebung der Einrichtung, Situationen, die Kinder untereinander gestalten, Erzählungen über andere Menschen, Projekte zu bestimmten Themen vermitteln die Bedeutung von Dingen über das Zeigen, Benennen, Beschreiben und Erklären durch die Erzieher. Erfahrungen und Dinge erhalten Bedeutung für Kinder durch die indirekte Wirkung absichtsvoll arrangierter Umwelt und Umstände (LIEGLE 2006, S.100).

4.3   BildungErziehungLERNEN

Die Lernfähigkeit unterscheidet den Menschen von den Tieren. Dank seines Gehirns ist der Mensch nicht auf eine Sache besonders spezialisiert, sondern kann sich auf die verschiedensten Umgebungen, Aufgaben und Probleme einstellen. Diese als „Neuroplastizität" bezeichnete Flexibilität des menschlichen Gehirns kennzeichnet im Kinder- und Jugendalter eine unvergleichliche Lernbereitschaft (KLUGE in FRIED & ROUX 2006, S.30). Kindliches Lernen, die Grundlage der kindlichen Entwicklung, kann nicht aus seinen sozialen und dinglichen Zusammenhängen ausgegliedert werden (SCHÄFER 2007, S.71). Die Erwachsenen, die den sozialen Bezug der Kinder darstellen und als Gestalter der kindlichen Umwelt fungieren, stellen also die Grundlagen für kindliche Lernprozesse bereit. Die kindliche Lernbereitschaft drückt sich im Spiel aus. Diese kindspezifische Form des Lernens entwickelt sich ab dem Säuglingsalter zu intellektuell anspruchsvollen Spielformen (KLUGE 2006, S.31). Unter Einbeziehung des Wissens, dass Hirnstrukturen sich dann besonders gut entwickeln, „[…] wenn *sie Folge aktiver Interaktion mit der Umwelt sind, bei denen der junge Organismus die Initiative hat* […]" (SINGER 2001 zit. nach LAEWEN 2002, S.85), wird die Aufgabe der Erwachsenen für kindliche Bildungs- und damit Lernprozesse deutlich. Indem sie Kindern die Möglichkeit bieten, im Spiel mit sich selbst aber auch in der Interaktion mit ihnen, ihre eigenen Antworten zu finden, wird ihr Lernen gefördert (LAEWEN 2002, S.84). Die Entwicklung eines Gespräches zu offenen Fragen und nicht das Abhören erwarteter Antworten, regen an. Kinder, die eigene Entdeckungen machen können, die Fehler machen, ausprobieren und knobeln und nicht sofort mit fertigen Erklärungen abgespeist werden, erfahren Lernerfolge, die zu Selbstvertrauen und tiefer Befriedigung führen und dadurch Lust auf neue Herausforderungen machen (LEU ET AL 2007, S.39). Da Lernvorgänge von Gefühlen begleitet und zum

Teil gesteuert werden, wird mit jeder Information auch eine Emotion verbunden und später mit aus dem Gedächtnis abgerufen. Lernen wird dann mit positiven Gefühlen gespeichert und als Netzwerk für spätere Lernvorgänge angelegt, wenn Kinder erfolgreich und lustbetont lernen dürfen (ebd. S.39; vgl. Kapitel 3.1.3.1).

Bildung, Erziehung und Lernen sind also unzertrennlich miteinander verwoben und von der Eigenaktivität und der Individualität des Kindes genauso beeinflusst wie von bewusst gestalteten Erfahrungs- und Lernmöglichkeiten durch die Erziehenden.

5. Pädagogische Konzepte für Null- bis Dreijährige

Das in den 70er Jahren vor allem durch Elterninitiativen angeregte Interesse für alternative Erziehungskonzepte im privaten und öffentlichen Bereich und die fehlende Integration ins Bildungssystem ermöglichte eine sich ständig in Bewegung befindliche konzeptionelle Vielfalt vor allem im Kindergartenbereich. Montessori-Pädagogik, Wald-Kindergärten und Waldorf-Pädagogik sind einige Beispiele, die sich in der Kindergartenlandschaft Deutschlands immer weiter etablieren (vgl. REYER 2006, S.279).

Einrichtungen, die Kinder unter drei Jahren betreuen, „basteln" sich ihre Konzeption häufig aus den für ältere Kinder entwickelten Ideen zusammen, wie eine Durchsicht von Internetauftritten von Krippen zeigt. So heißt es in der Konzeption der Kindergruppe „Franz von Hahn" in Gießen: *„Unser pädagogisches Konzept fußt auf einem humanistischen und demokratischen Menschenbild, im Zentrum der Praxis stehen der situative Ansatz und die Reggio-Pädagogik.*" Das Berlin-Charlottenburger „Kinderland" versteht sich als frühkindliche Bildungseinrichtung und „[...] *orientiert sich nicht ausschließlich und isoliert an einer einzigen der vorhandenen allgemeinen pädagogischen Konzeptionen (u.a. Fröbel, Hoffmann, Waldorf- und Reggio-Pädagogik, Situationsansatz, usw.) allein, sondern prüft diese daraufhin, welche ihrer Elemente und Spezifika für die Bildung und Erziehung der Kinder, die unsere Einrichtung besuchen, besonders geeignet sind.*" Dabei spielt wohl auch die Tatsache eine Rolle, dass rein zahlenmäßig Einrichtungen, die ausschließlich Kinder zwischen null und drei Jahren betreuen weiter abnehmen und der Trend auf eine Ausdehnung altersübergreifender Einrichtungen weist (vgl. AHNERT & SCHNURRER 2006, S.304).

Ein Konzept stellt eine systematische Arbeitsgrundlage dar, die den Anwendern zur Selbstkontrolle ihres Handelns dient. Erziehungskonzepte müssen außerdem als lebendige Organismen verstanden werden, da sie einem ständigen Wandel unterliegen, der auf die individuellen Umsetzungen und gesellschaftlichen Rahmenbedingungen zurückzuführen ist.

Im folgenden Kapitel werden zunächst verschiedene Konzepte dargestellt und auf die Entsprechung von Erziehungs- und Bildungsbedürfnissen von Kleinstkindern hin untersucht. Montessori-Pädagogik und Waldorf-Pädagogik sind Konzepte in reformpädagogischer Tradition. Darüber hinaus haben sowohl MONTESSORI als auch STEINER Erziehungsphilosophien entworfen, die ihre Ansätze in einen übergreifenden weltanschaulichen Zusammenhang bringen. Reggio-Pädagogik und Situationsansatz können als Erziehungskonzepte für eine „Erziehung nach Auschwitz" gesehen werden, die sich an Gemeinschaft, Kommunikation, dem Wert des Einzelnen und der Integration von Menschen mit Migrationshintergrund oder Behinderung orientieren. Bewegungspädagogik und Waldkindergarten sind Konzepte die versuchen, Kindern in einer modernisierten und technisierten Welt Bewegungs- und Wahrnehmungserfahrungen zu ermöglichen. EMMI PIKLERS „Lóczy-Modell" wurde als einziges der vorgestellten Konzepte für Kinder ab dem Säuglingsalter entwickelt und basiert auf Erkenntnissen der Bewegungsentwicklung von Kleinstkindern. Allen Konzepten gemein sind die Lebensweltorientierung und der damit verbundene Bildungsgedanke, der über die Betreuungs- und Schulvorbereitungskultur des klassischen Kindergartens hinausgeht. Kindern die Entwicklung zu seelisch und körperlich gesunden Menschen in Anerkennung ihrer entwicklungsbedingten Bedürfnisse zu ermöglichen, ist Ziel dieser Konzepte.

Zwei Konzepte werden detailliert vorgestellt und durch einen Hospitationsbericht ergänzt. Dabei handelt es sich um das Konzept der Reggio-Pädagogik, das altersübergreifend ausgerichtet ist und die Ideen EMMI PIKLERS. Obwohl beides Konzepte auf Tradition sind, sind sie in Deutschland bislang nur wenig bekannt und verbreitet.

5.1 Montessori-Pädagogik

MARIA MONTESSORI war 1892 die erste Medizinstudentin Italiens, 1896 die erste Ärztin ihres Heimatlandes und gilt als die erste Frau, die eine Erziehungstheorie entwickelt und praktisch erprobt hat (KOCH 2000, S.37). Obwohl sie heute die bekannteste Pädagogin der Welt ist, wollte sie ursprünglich nicht Kinder erziehen, sondern Ingenieurin werden. Erst als sie sich als Ärztin mit gelähmten und „nervenkranken" Kindern beschäftigte, wurde ihr pädagogisches Interesse geweckt (BÖHM 1971, S.8).

Die mittlerweile auf der ganzen Welt bekannte, verbreitete und nach MARIA MONTESSORI benannte Montessori-Pädagogik fand ihren Anfang in den Slums von Rom, deren Bewohner als „*menschliche Müllhaufen*" galten (vgl. ebd. S.9). Innerhalb eines Jahres entwickelten sich die verwahrlosten und vernachlässigten Kinder von San Lorenzo in MONTESSORIS „Casa dei Bambini" zu freundlichen, offenen Wesen, die Disziplin bei der Ausführung von Arbeit bewiesen und sich mit Freude künstlerisch betätigten.

In den Augen MONTESSORIS ist Erziehung ein Mittel, mit deren Hilfe Kinder ihre Persönlichkeit in einer Art entwickeln können, die dazu führt, dass sie letztendlich reife und unabhängige Erwachsenen werden (MONTESSORI 1977, S.37). Trotz dieser Zielsetzung sieht Montessori Kinder nicht als bloße „Zukünftige", sondern schreibt der Persönlichkeit des Kindes großen Wert zu. Diese Wertschätzung äußert sich in der Erkenntnis, dass der Erwachsene das Kind beobachten muss, um zu lernen, wie er die Erziehung des Kindes gestalten muss und ihm die bestmögliche Hilfestellung zu geben (vgl. MONTESSORI 1971 in B, S.19). Nicht der Zwang, das zu tun was, die Erwachsenen wollen, sondern der eigene Antrieb soll die Ursache kindlichen Handelns sein (ebd. S.38). Auf der Basis dieses Erziehungsverständnisses muss sich Erziehung an den Entwicklungsstufen des Individuums orientieren. MONTESSORI unterteilt dafür die kindliche Entwicklung in drei Stufen: null bis sechs Jahre, sieben bis zwölf Jahre und zwölf bis achtzehn Jahre. Die erste Phase unterteilt sie in zwei weitere Unterphasen, null bis drei und drei bis sechs Jahre (HOLSTIEGE 2000, S.74). Die erste Phase sieht MONTESSORI gekennzeichnet durch das, was sie die „*Tätigkeit des absorbierenden Geistes*" nennt (ebd. S.74). Demnach vollzieht sich die Aufnahme der Umwelt durch die „*geistige*

Einverleibung" der äußeren Einflüsse. Dieses Einverleiben stellt sich MONTESSORI als biologische Anpassung vor, das Kind eignet sich Wissen mit seinem psychischen Leben an: indem es lebt, erlernt es die Sprache (vgl. ebd. S.75). Für die Altersgruppe der Null- bis Dreijährigen folgert sie daraus, dass die kindliche Entwicklung nicht direkt beeinflussbar ist, da sie in der *„Absorbation der Umwelt"* eine unbewusste Tätigkeit der Intelligenz sieht. MONTESSORI ist davon überzeugt, dass Kinder nicht nur durch ihren Geist, sondern auch durch ihre Hände und Tätigkeiten lernen und sich als einheitliche und ganzheitliche Persönlichkeiten entwickeln, die sich aus *„Charakter, Fühlen, Geist, Wissen und Aktivität"* zusammensetzen (BÖHM 1971, S.5). Bewegung, Ordnung und Sprache sind für Montessori die drei *„typischen Sensibilitäten"* von Kindern unter drei Jahren. In körperlicher Hinsicht entwickeln sich in diesem Lebensabschnitt die Hand mit ihren Funktionen, das Gleichgewicht und damit die Fähigkeit zu Laufen. In der Sensibilität für Ordnung erkennt MONTESSORI das Bedürfnis nach einer überschaubaren Umgebung, das Bedürfnis nach Ordnung zeugt von seiner Orientierungsfunktion innerhalb des „[...] *Chaos angehäufter Bildeindrücke durch die Tätigkeit des absorbierenden Geistes"* (vgl. HOLTSTIEGE 2000, S.76). Die Sensibilität für Sprache steht im engen Zusammenhang mit dem Gehörsinn und die Absorbation der Sprache ergibt sich, so MONTESSORI, in der ersten Periode aus der unbewussten Aktivität der Intelligenz (dies. 1971, S.20). Aus der Überzeugung, dass die Entwicklung von Kindern dieser Altersgruppe nicht beeinflussbar ist, ergibt sich die Notwendigkeit, eine den kindlichen Bedürfnissen entsprechende Anregungsumwelt zur Verfügung zu stellen (ebd. S.50) und den Kindern damit zu helfen, auf dem *„Weg der Unabhängigkeit"* voranzukommen (MONTESSORI in OSWALD & SCHULZ-BENESCH 1980, S.65.).

Die den kindlichen Bedürfnissen angepasste Umwelt nennt Montessori *„vorbereitete Umgebung"* und unterscheidet zwischen der sachlichen und der personellen Ebene. In der Praxis soll die Gestaltung der sachlichen Umgebung vor allem an den durch Körpergröße und Bewegungsentwicklung spezifischen Bedürfnissen der Kinder orientiert sein. Stühle und Tische auf Kinderhöhe zählen ebenso dazu, wie kleine Waschbecken und Toiletten, leicht zu öffnende Türen mit niedrigen Klinken, kleine Materialschränke sowie die proportionale Angepasstheit im Hinblick auf die Gewichte der Gegenstände. MONTESSORI stellt sich dazu folgendes vor: *„In allen zivilisierten Völkern werden Kindermöbel und kleine einfache Gegenstände hergestellt, die der intellektuellen Entwicklung des Kindes dienen wollen: farbenfreudige Möbelstücke, die so leicht gebaut sind, dass sie sofort umfallen, wenn man dagegen stößt, und mit denen das Kind leicht hantieren kann. [...] Aus allen Gegenständen muss es tönen: Komm und berühre mich; komm und benütze mich* [...]" (dies. 1971, S.53). Sie weist damit auch der ästhetischen Qualität der Gegenstände und der Umgebung besondere Bedeutung zu, da diese ihrer Überzeugung nach „[...] *die Aktivität des Kindes an* [spornt], *so dass es seine Anstrengungen verdoppelt"* (ebd. S.54). Die Bezeichnung „Kinderhaus" drückt außerdem die pädagogisch-didaktische Absicht aus, den realen Kinderalltag und damit auch die Übungen des alltäglich-praktischen Lebens zu berücksichtigen (vgl. HOLTSTIEGE 2000, S.132).

Die Beziehungen zwischen Kind und Erwachsenen stellen die personelle Umwelt dar. Zur Aufgabe des Erziehers gehört, die sachliche Umwelt für das Kind bereitzustellen und eine von MONTESSORI geforderte *„neue Haltung gegenüber dem Kind"* zu entwickeln (ebd. S.158). Diese neue Haltung bedeutet, dass der Erzieher das Kind in seinem *„Werden zum Menschen"* anleitet (ebd. S.158). Das Gewähren von Freiheit und das Bereitstellen von Unterstützung sind dabei die zwei bedeutenden Wesensmerkmale dieses Selbstverständnisses der Erziehenden. Freiheit bedeutet jedoch nicht, die Kindern tun zu lassen, was sie wollen. Vielmehr ist damit gemeint, das Handeln des Kindes aufgrund seiner Initiative zu ermöglichen. In diesem Sinne meint MONTESSORI mit dem Begriff der Freiheit, dem Lebensbedürfnis nach bildender Arbeit genüge tun zu können, ohne von der unmittelbaren Hilfe eines anderen abhängig zu sein (vgl. MONTESSORI 1971, S.4). Die Organisation der Arbeit ist neben der Freiheit des Kindes das zweite Grundprinzip der Montessori-Pädagogik. Arbeit des Kindes im Sinne MONTESSORIS ist die konzentrierte Auseinandersetzung mit Gegenständen, Bewegungen und deren Wiederholung. Die Gegenstände, mit denen die Kinder arbeiten, sind keine „nützlichen" Dinge, doch die Beschäftigung damit - das Wenden, Drehen, Hantieren, Aufbauen und wieder Zerstören - lässt die Kinder MONTESSORIS Beobachtungen zu Folge „[...] *immer ausgeruht und innerlich gestärkt [...]"* erscheinen (vgl. OSWALD & SCHULZ-BENESCH 1978, S.22). Die „nutzlosen" Gegenstände sollen den Kindern jedoch nicht wahllos zur Verfügung gestellt werden. Im Sinne einer „vorbereiteten Umgebung" soll es sich dabei um zielbewusst konstruierte und ausgewählte „Materialien" handeln, anhand derer die Kinder bestimmte Grunderfahrungen machen können, die zu ihrer Entwicklung gehören. Anhand dieser Materialien soll es dem Kind gelingen, „[...] *bei der Erkundung der objektiven Welt neue Perspektiven einzunehmen"* (MONTESSORI 1977, S.43). Orientiert an den „sensitiven Phasen" hat MONTESSORI Materialgruppen erstellt: 1. Übungen des praktischen oder täglichen Lebens; 2. Bewegungsübungen und 3. Sinnesübungen durch Entwicklungsmaterialien (vgl. HOLTSTIEGE 2000, S.94). Die lebenspraktischen Übungen ebenso wie die Bewegungsübungen können mit Haushaltsgegenständen und dem eigenen Körper umgesetzt werden. Für Sinnesübungen hat MONTESSORI selbst Materialien entwickelt. Als Beispiel sei hier der „Rosa Turm" genannt (siehe Anhang 8.1). Er kann ab ca. 2,5 Jahren angeboten werden und dient zur Unterstützung der Wahrnehmung von Massenunterschieden. Indirekt wird die Entwicklung der Motorik durch das Üben der Greifmuskeln sowie die zielgerichtete Bewegung beabsichtig (vgl. ebd. S.105). Die auch als Hilfe verstandene Organisation der kindlichen Arbeit bezieht MONTESSORI daher auf die Peripherie, über die das Kind anhand seiner Sinne und Bewegung mit der Außenwelt in Verbindung tritt. Über das „Innere" sagt sie: *Was im Kinde vor sich geht, das ist das Geheimnis des Kindes und das müssen wir achten"* (dies. 1971, S.42). Die kindliche Psyche bleibt in MONTESSORIS Theorie ein unantastbares Geheimnis. Unantastbar weil „[...] *es uns nicht gehört* [...]"(ebd.). Die von MONTESSORI entwickelten Materialien dienen dieser „peripherischen Arbeit". Überlässt man dem Kind die freie Wahl seiner Aktivitäten, erfordert das auf der Seite des Erziehenden mehr Geduld als Aktivität, er gibt dem Kind auf dieser Weise die Möglichkeit, aus der Konfrontation mit Alternativen eigene Entscheidungen zu treffen und damit seine Unabhängigkeit zu erproben. Die Aufgabe des Erziehers ist es dabei, das Kind überlegt und mit aufrichtiger Sorge zu unterstützen, es so wenig wie möglich durch Aufsicht und Belehrung einzuengen und so eine Brücke zwischen kindlicher Welt und Erwachsenenwelt zu bauen (vgl. MONTESSORI 1971, S.52). Der Erzieher ist daher gleichermaßen „*Diener des menschlichen Geistes, Mitarbeiter, Gehilfe und Beistand, Leiter und Organisator und Anreger kindlicher Freiheit*" (vgl. HOLSTIEGE 2000, S.161).

Montessori-Pädagogik kann und wird in den unterschiedlichen Bereichen der öffentlichen Erziehung praktiziert. Es gibt über 1000 Montessori-Grundschulen und Gymnasien, Montessori-Haupt- und Förderschulen. Die größte Zahl der Einrichtungen in Deutschland, etwa 600, stellen die Kinderhäuser dar (siehe www.montessori-deutschland.de am 3.12.2007). Im Gegensatz zu den Schulen, die sich an administrativen Vorgaben orientieren müssen, können die Kinderhäuser konsequenter die pädagogischen Prinzipien umsetzten (ebd. S.137). Betreuung und Erziehung für Kinder unter drei Jahren wird dabei in den meisten Fällen in altersgemischten Gruppen angeboten (HOLTSTIEGE 2000, S.137).

5.2 Waldorf-Pädagogik

1919 wurde auf Betreiben des Generaldirektors der Waldorf-Astoria-Zigarettenfabrik EMIL MOLT in Stuttgart eine freie Schule nach den pädagogischen Ideen RUDOLF STEINERS gegründet (RITTERSBACHER 1969, S.31). Die dort angewandten Erziehungsansätze zeugen von zeitlicher und inhaltlicher Übereinstimmung mit den Anliegen der reformpädagogischen Bewegung. Sie drücken ein starkes gesellschaftliches Sendungsbewusstsein und den Wunsch aus, das durch Verstädterung und Industrialisierung beeinträchtigte Verhältnis von Mensch und Natur und die inneren menschlichen Werte wieder in den Vordergrund zu rücken (vgl. BARZ 1990, S.132). Doch die, von STEINER erdachte und auf der Basis seiner Prinzipien auch heute noch praktizierte, Waldorf-Pädagogik verfügt über die Erneuerung und Veränderung bekannter Erziehungsideen hinaus über einen eigenen Bezugsrahmen. Grundlegend für sie ist eine von STEINER entworfene „Menschenkunde" - die Anthroposophie. Laut STEINER (zit. nach KIERSCH 1979, S.11) ist „*Anthroposophie* [ist] *ein Erkenntnisweg der das Geistige im Menschenwesen zum Geistigen im Weltall führen möchte*", CARLGREN nennt es die „*Forschung zum Bewusstsein vom wahren Wesen des Menschen*" (ders. 1990, S.9). STEINER entwarf im Sinne seiner wissenschaftlichen Erkenntnistheorie ein verzweigtes System der Welt und des Universums[17], in das er den Menschen als „Leib", „Seele" und „Geist" einord-

---

[17]   Dies in allen Einzelheiten darzulegen erscheint an dieser Stelle nicht sinnvoll. Eine Darstellung Steiners Ideen zu Kosmos und Welt ist z.B. zu finden bei Kowal-Summek, Ludger (1993). Die Pädagogik Rudolf Steiners im Spiegel der Kritik. Pfaffenweiler: Centaurus

net. Entscheidend für STEINERS Pädagogik ist die psychologische Festsetzung des Siebenjahreszyklus. Mit der Geburt wird seiner Auffassung nach der „physische Leib" geboren, mit dem Übertritt in das zweite „Jahrsiebt" wird der Leib zum „Ätherleib", mit Einsetzen der Pubertät mit ca. 14 Jahren wird in der Anthroposophie der „Astral-Leib" geboren und mit etwa 21 Jahren wird der Mensch schließlich zum „ich" (vgl. Barz 1990, S.40). Auf der ersten Stufe ist der Mensch laut STEINER auf seine Vorbilder und deren Nachahmung ausgerichtet. Darauf folgen eine distanzierte Wahrnehmung und die Ausbildung von Gedächtnis und Gewissen. Mit dem Übergang ins Jugendalter kommen laut STEINER Urteilskraft und Verständniserwägung einher, der Erwachsene ist dann fähig „[...] *Wünsche und Begierde zu erzeugen, für die es weder innerhalb noch außerhalb des Leibes eine Veranlassung gibt, sondern deren Quelle das Ich ist*" (vgl. KOWAL-SUMMEK 1993,S.31).

Kinder in ihren ersten sieben Lebensjahren sind, so STEINER (1956, S.15) „[...] *ganz Sinnesorgan.*" Mit dem ganzen Körper erleben kleine Kinder ihre Umwelt und nehmen alle Eindrücke auf. Es bleibt jedoch laut CARLGREN (1990, S.28) nicht beim Aufnehmen: „*Die Sinneseindrücke werden eingeatmet, das Nachahmen folgt wie das Ausatmen.*" STEINER (1956, S.15) spricht darüber hinaus von einem „Nachahmungstrieb": „*Das ganze Leben des Kindes bis zum 7. Jahre ist ein fortwährendes Imitieren desjenigen, was in der Umgebung vor sich geht. Und in dem Augenblick, wo das Kind irgend etwas wahrnimmt, sei es eine Bewegung, sei es einen Klang, entsteht in ihm der Drang nach innerlicher Gebärde, nach Nacherleben desjenigen, was wahrgenommen wird aus seiner ganzen Innerlichkeit heraus.*" Die Waldorf-Pädagogik begegnet diesem Nachahmungstrieb mit der Forderung an die Erziehenden, eine geeignete Umgebung für das sinnliche Erleben und das Nachahmen zu schaffen und nicht dem Glauben zu verfallen, mit Worten und Ermahnungen etwas beim Kind zu verändern (vgl. CARLGREN 1990, S.28). Zur Umgebung zählt in STEINERS Sinne alles, was das Kind umgibt und von seinen Sinnen wahrgenommen wird. Der Waldorf-Kindergarten will die vorschulischen Fähigkeiten und Bedürfnisse des Kindes „pflegen", die in den ersten sieben Lebensjahren im altersspezifischen Spiel und dem Verlangen nach Nachahmung zum Ausdruck kommen (BARZ 1990, S.62f.). Im Kindergartenalltag wird den Kindern ein vielseitiges Angebot an Tätigkeiten gemacht, mit deren Hilfe die kreative Nachahmung, Handfertigkeit und Geschicklichkeit gefördert und Kreativität und Hingabefähigkeit bewahrt werden sollen (ebd. S.66). Zu diesen Tätigkeiten zählen Gartenarbeiten, ernten, Mehl mahlen und daraus Brot backen oder auch Wolle spinnen, färben und daraus weben. Über diese „Elementartätigkeiten" soll den Kindern eine „[...] *Welt vor der Entfremdung angeboten werden, Waschzuber mit Wäsche, Seife und Wasser und nicht Lehrprogramm über die Bedienung der Waschmaschine*" (LEBER 1973 zit. nach BARZ 1990, S.66). Die sinnvolle Abfolge der Arbeiten wird außerdem als Teil der Vorraussetzung für die spätere Entwicklung logischen Denkens gesehen (JAFFKE 1977 zit. nach ebd. S.66). Auch im Primärbereich stellt die künstlerisch-musische Erziehung ein weiteres Prinzip der Waldorf-Pädagogik dar. Kunst wird jedoch nicht als ästhetischer Zusatz zum Leben betrachtet, sondern ist als Übung für das Bewältigen von menschlichen Lebensaufgaben fester Bestandteil des Alltags (vgl. BARZ 1990, S.82). Gemäß STEINERS Forderung (1956, S.20): „*Die Hand des Kindes ist klein. Sie muss sich selbstständig entwickeln: wir dürfen sie nicht einzwängen*" werden den Kindern keine Themen beim Malen, kneten und basteln vorgegeben. Sie sollen völlig frei zum Ausdruck bringen, was sie bewegt und erlebt haben (BARZ 1990, S.82). Diese Freiheit wird in der Waldorf-Pädagogik auch auf das Spielzeug übertragen. Der Kindergarten soll so wenig wie möglich fertiges Spielzeug anbieten. CARLGREN spricht von „*richtigen Dingen*" und meint damit Gegenstände aus Ton, Tücher, Wolle, Garn, Pappe, Holz, Rinde, Muscheln und andere ungeformte Naturmaterialien. Begründet wird diese Auswahl mit dem Argument, dass sich Kinder mit einem nur auf einen Zweck ausgerichteten Spielzeug schnell langweilen und ihre Einbildungskraft darunter zu leiden habe (ders. 1990, S.41f.).

Der Erziehende im Waldorf-Kindergarten soll Vorbild sein. In dieser Lebensphase der Nach-ahmung sieht STEINER (1924 zit. nach CARLGREN 1990, S.28) die Grundlagen für ein morali-sches und gesundes Leben. „[…] *alles was man in der Nähe des Kindes tut, setzt sich im kindlichen Organismus, in Geist, Seele und Leib um. Die Gesundheit des ganzen Lebens hängt davon ab, wie man sich in der Nähe des Kindes benimmt.*" Zur Vorbildfunktion der Erziehenden im Waldorf-Kindergarten kommen als weitere Aufgaben die ästhetische Gestal-tung der Räumlichkeiten und die Rhythmisierung des Alltags hinzu. Der natürliche Tages-rhythmus, der natürliche Wechsel zwischen „[…] *Bewegung und Ruhe, Anspannung und Entspannung und Aufnehmen und Schaffen* […]" des Menschen dient als Gliederungshilfe für die Aktivitäten des Tages (vgl. BARZ 1990, S.81). Wesentliche Elemente dieses Tagesrhyth-mus sind das gemeinsam zubereitete und eingenommene Frühstück, freies Spiel, gemeinsa-mes Singen, Eurythmie[18], Arbeit und Bewegung an der frischen Luft und Malen, Kneten und Bauen (ebd. S.81). Der Tagesrhythmus ist eingebettet in einen von regelmäßigen Wiederho-lungen gekennzeichneten Wochenrhythmus. Als Beispiel seien hier ein feststehender Speise-plan, ein regelmäßiger Backtag und der Freitag als fester Putz- und Aufräumtag genannt. Bestimmt werden die Aktivitäten und Themen im Waldorf-Kindergarten von den Jahreszeiten. Durch bewusstes Erleben der Natur und ihrer Abläufe sollen die Kinder die Möglichkeit erhalten, sich in der Welt zu orientieren und die „Entfremdung" zu begreifen (SUCHANTKE in HELLMICH & TEIGELER 1999, S.195f). Die Arbeit im Garten und das Begehen von Jahresfes-ten und Geburtstagsfesten sollen den Bezug zu natürlichen Lebens- und Wachstumsrhythmen herstellen. Neben der Orientierung am natürlichen Lebensrhythmus wird religiöse Erziehung im Waldorf-Kindergarten als „[…] *integrales Prinzip des Erziehungsgeschehens* […]" begrif-

---

[18] Carlgren bezeichnet Eurythmie als „[…] *sichtbare Sprache und sichtbaren Gesang* […]." Es handelt sich dabei um eine von Steiner entworfene Art der Bewegung, bei der die Laute der Sprache in spezifischen Be-wegungen ausgedrückt werden. Auf diesem Weg soll der Eigenwert von Lauten und Wortklängen, […] *der jenseits des intellektuell faßbaren Inhalts sein Dasein hat und sich an eine verborgene Schicht in unserem Innern wendet, die unter der Schwelle des Bewußtseins liegt* [.]" gewürdigt werden. Steiner sieht den erzie-herischen Wert der Eurythmie in ihrer Auswirkung auf die Ausgestaltung von Willenskraft und Enthusias-mus (vgl. Carlgren 1990, S.79).

fen (vgl. BARZ 1990, S.93). Religiöse Erziehung soll jedoch nicht mit kirchlicher Erziehung gleichgesetzt werden, sondern orientiert sich nach STEINERS Überzeugung (ders. 1956, S.175) daran, „[…] *daß wirklich das religiöse Element dem Menschen angeboren ist, zur Menschennatur gehört.*" Dankbarkeit ist für STEINER (1979, S.155) grundlegende Fähigkeit um „*das Moralische*" auszubilden und drückt die naturhafte Religiosität des Kindes in den ersten sieben Lebensjahren aus (vgl. BARZ 1990, S.93). Die Förderung der religiösen Dimension soll Kinder vor einer „*platten, vulgär-materialistischen Weltdeutung*" (ebd. S.93) bewahren und dient so in STEINERS Sinne dem Anliegen der Waldorf-Pädagogik „[…] *durch eine Methode, die auf Menschenerkenntnis beruht,* […] *aus Kindern physisch gesunde und kräftige, seelisch freie und geistig klare Menschen* […]" zu machen (vgl. ders. 1979, S.157).

Neben der Arbeit mit den Kindern ist die mit den Eltern eine wichtige Aufgabe der Erziehenden. Durch regelmäßige Besuche in den „Elternhäusern" lernen die Professionellen das häusliche Umfeld der Kinder kennen, Besonderheiten und Schwierigkeiten können so besser verstanden werden. Häufige Elternabende, Bastelabende und Vorträge holen die Eltern in den Kindergarten (vgl. BARZ 1990, S.100).

Von den etwa 500 Waldorf-Kindergärten in Deutschland befinden sich die meisten in der Trägerschaft von Elternvereinen, meist in Kooperation mit Waldorf-Schulen, nur einige sind in staatlicher oder städtischer Trägerschaft (SAßMANNSHAUSEN, www.kindergartenpaedagogik.de am 14.12.2007). Waldorf-Kindergärten entstehen, so SAßMANNSHAUSEN (ebd.) „[…] *nur dort, wo Menschen explizit Einrichtungen dieser Pädagogik wollen.*" Der Waldorf-Kindergarten ist daher an die Bereitschaft der Eltern gebunden, sich der Verantwortung zu stellen, die das gesamte „Unternehmen Kindergarten" fordert. SAßMANNSHAUSEN sieht in dem Engagement der Eltern das soziale Gestaltungsprinzip der Demokratie verwirklicht, in dessen Sinne die Engagierten im jeweiligen Arbeitsfeld gleichgestellt sind. Von der pädagogischen Gestaltung der Einrichtungen, die nach den von STEINER formulierten Prinzipien von speziell ausgebildetem Personal[19] umgesetzt wird, sind Eltern jedoch ausgeschlossen. Deren Arbeit für das Bestehen des Waldorf-Kindergartens sieht BARZ (1990, S.99f) auf die Mitgestaltung von Veranstaltungen und vor allem die Fragen der materiellen Existenz der Einrichtung beschränkt. Trotz dieser augenscheinlichen Starrheit im

---

[19] Die Ausbildung zur Walddorfkindergärtnerin erfolgt im Anschluss an eine abgeschlossene Erzieher-Ausbildung an Waldorf-Instituten. Sie findet in der Regel berufsbegleitend in Abendkursen statt, dauert drei Jahre und kostet ca. 3000,- €. Auf dem Lehrplan stehen Anthroposophie, Menschenkunde des ersten Jahrsiebts, Eurythmie, Sprachgestaltung, Plastizieren, Phänomenologie, Erzählstoff, Sinneslehre, Kinderzeichnungen, Reigen und Bewegungspflege, Rhythmische Gestaltung des Tages- und Jahreslaufes und Puppenspiel. (www.waldorfseminar.de/k-abend-kinderg.htm am 15.12.07)

Waldorf-Konzept, zeugt die Vielfalt der Einrichtungen von Flexibilität. So sind zahlreiche Kindergärten an Schulen angeschlossen und betreuen ebenso Schulkinder, wie sie Kleinkinder integrieren.

5.3 Waldkindergarten

Inspiriert von der schwedischen Organisation „friluftsfrämjandet", die auch heute noch ganzjährig naturpädagogische Aktivitäten für Kinder aller Alterstufen anbietet, zog die Dänin ELLA FLATAU in den 1950er Jahren erst mit ihren Kindern und bald auch mit den Nachbarskindern in den Wald. Daraus entwickelte sich eine Elterninitiative, die den ersten dänischen Waldkindergarten gründete und den Anfang von ungefähr 100 heutigen Einrichtungen machte (vgl. MIKLITZ 2005, S.14).

Der erste deutsche Waldkindergarten, der sich am dänischen Modell orientierte, wurde 1993 von zwei Erzieherinnen in Flensburg gegründet.[20] Den Anstoß hatte ein Artikel in einer Fachzeitschrift über die dänischen Waldkindergärten geliefert. Die Idee des Waldkindergartens verbreitete sich und es wurden in ganz Deutschland bis heute etwa 450 Waldkindergärten gegründet (vgl. ebd. S.15). Sie bestehen in der Mehrzahl aus einer Gruppe mit 20 Kindern, das Betreuungsangebot ist in der Regel halbtags und in einigen Einrichtungen wird auch Mittagessen angeboten (siehe HUPPERTZ 2004, S.158). Zwei Formen des Waldkindergartens haben sich etabliert: der „reine Waldkindergarten", der außerhalb des Waldes kein Gebäude besitzt. Der Kindergartenalltag findet ganzjährig in Naturräumen statt, ein Bauwagen oder eine Schutzhütte dienen als Materiallager und Sammelpunkt, für extreme Wetterbedingungen verlangen die Jugendämter jedoch eine feste Notunterkunft[21] (SCHEDE 2000, S.12). Der „integrierte" Waldkindergarten verfügt dagegen über eigene Räume, in denen die Kinder nach den Vormittagen im Wald an den Nachmittagen wie in einem konventionellen Kindergarten betreut werden. Der integrierte Waldkindergarten entspricht dem Bedarf berufstätiger Eltern, ihre Kinder in Ganztageseinrichtungen betreuen zu lassen. In dieser gesellschaftlichen Entwicklung sieht HÄFNER die Begründung, dass sich die integrierte Form des Waldkindergartens in Zukunft durchsetzen wird (ders.2002, S.45). Auch in Regelkindergärten hat die Wald- und Naturpädagogik Einzug gehalten. In Form von festen Waldgruppen, Waldtagen, Waldprojekten und Waldwochen fließen Elemente des Waldkindergartens in den Tagesablauf der Regelkindergärten mit ein (vgl. ebd. S.47).

---

[20] Bereits 1968 hatte Ursula Sube in Wiesebaden einen Waldkindergarten für die Kinder von Freunden gegründet. Lange Zeit vom Jugendamt nur toleriert, erhielt sie Ende der 1980er Jahre die offizielle Betriebserlaubnis unter den Auflagen, immer ein Handy mitzuführen und eine Gruppengröße von 15 Kindern nicht zu überschreiten. Dieser Waldkindergarten entwickelte sich unabhängig vom „Dänischen Modell" und hatte keinen Einfluss auf die Verbreitung und konzeptionellen Ideen der heutigen Waldkindergärten, er existiert jedoch bis heute (vgl. Miklitz 2005, S.15f)

[21] Diese Notunterkünfte können Räume in Kirchengemeinden, Sportvereinen, Schulen oder Kindergärten sein, zu denen die Waldgruppen bei widrigen Wetterbedingungen jederzeit Zutritt haben.

„*Waldkindergärten*", so HUPPERTZ, „*sind echte Elternkindergärten*" (ebd. S.133). Etwa 82% der Einrichtungen befinden sich in der Trägerschaft von Elterninitiativen, Eltern stellen daher im Waldkindergarten eine andere Größe als im Regelkindergarten dar (ders. 2004, S.134). Wichtige Vorraussetzungen für das Gelingen des Projektes Waldkindergarten sind laut HUPPERTZ die Bereitschaft der Eltern zu Flexibilität, Engagement und Zusammenarbeit mit den Erzieherinnen (ebd. S.159). Bei der Umsetzung müssen die Initiatoren von Waldkindergärten gegen Skepsis und Widerstände bei Behörden und Jugendämtern ankämpfen, ein Problem bei der Anerkennung durch die Jugendämter stellt die jeweilige Bedarfsplanung der Kindergartenplätze dar (SCHEDE 2000, S.9f). Außerdem löste die Übernahme des dänischen Modells in seiner Neuheit und Radikalität viele Diskussionen aus, die Reaktionen auf eine doch kleine Zahl an Einrichtungen waren ungewöhnlich groß, bemerkt SCHEDE (ders. ebd. S.12).

Die Idee des Waldkindergartens entstand aus dem Bedürfnis, wieder einen selbstverständlicheren Bezug zur Natur herzustellen. Für die Begegnung mit der Natur wurde jedoch kein einheitliches Konzept entwickelt. Vielmehr orientieren sich die Waldkindergärten an methodischen Ansätzen, die sich für die Arbeit im Wald besonders eignen (SCHEDE 2000, S.18). Die Erfahrungs- und Erlebniswelt der Kinder, ihre Interessen, Ideen und Probleme sind der Bezugspunkt der pädagogischen Arbeit, der Situationsansatz (siehe Kapitel 5.4) dient daher in vielen Einrichtungen als Basis (ebd. S.18). Als zentrale Themen aller Konzeptionen nennt MIKLITZ

- Förderung der Motorik durch natürliche, differenzierte, lustvolle Bewegungsanlässe und -möglichkeiten, Erleben der jahreszeitlichen Rhythmen und Naturerscheinungen,
- Förderung der Sinneswahrnehmung durch Primärerfahrungen,
- ganzheitliches Lernen, das heißt Lernen mit den Sinnen, mit dem Körper, alle Ebenen der Wahrnehmung ansprechend,
- Erleben der Pflanzen und Tiere in ihren originären Lebensräumen,
- Möglichkeit körperliche Grenzen zu erfahren,
- Erfahren von Stille und Sensibilisierung für das gesprochene Wort,
- Sensibilisierung für ökologischen Zusammenhänge und Vernetzungen,
- Wertschätzung der Lebensgemeinschaft Wald und des Lebens überhaupt (übernommen von MIKLITZ 2005, S.24)

Jeder Waldkindergarten setzt unterschiedliche Akzenten und Schwerpunkte. Gemeinsamkeiten bestehen jedoch, was die Bedeutung des sozialen Lernens, der Umwelterziehung, der Sinnesförderung, der Körper- und Bewegungserziehung und des Spielzeuges betreffend (vgl. HÄFNER 2002, S.38f).

SCHEDE bewertet die tendenziell geringeren Gruppengrößen der Waldkindergärten als positiv für das soziale Lernen. Die Kinder können ihre Gruppe gut überschauen, leichter Kontakte knüpfen und Konflikte lösen und den Erzieherinnen steht mehr Zeit für und mit dem einzelnen Kind zur Verfügung (vgl. ders. 2000, S.24). Der Aufenthalt im Wald fördert die Sozialkompetenzen des Einzelnen und der gesamten Gruppe, denn Zusammenarbeit und Hilfsbereitschaft sind im Wald von grundlegender Bedeutung. Das gemeinsame Überwinden eines Baches, das Umdrehen eines schweren Steines oder das Suchen eines geeigneten Platzes für das Frühstück verlangt von den Kindern nicht nur die gegenseitige Hilfe, sondern auch in hohen Maße Kommunikation untereinander, es fördert Zusammengehörigkeitsgefühl und soziale Kompetenzen (vgl. HÄFNER 2002, S.39). Die Verlagerung der kindlichen Erlebniswelt in die Natur ermöglicht Kindern den jahreszeitlichen Rhythmus hautnah zu erleben, sie erfahren auf welche Weise der Mensch mit seiner natürlichen Umwelt verbunden ist (SCHEDE 2000, S.25f). Diese Erfahrungen bilden den Grundstein für einen einfühlsamen, rücksichtsvollen und verantwortungsvollen Umgang „mit und in der Natur" (HÄFNER 2002, S.40). Der tägliche und ursprüngliche Kontakt zur Natur bietet den Kindern außerdem Sinnesreize in vielfältiger Weise. Die unterschiedlichen Geräusche, Gerüche, Oberflächen und Untergründe sprechen alle Sinne an und regen die Kinder in ihrem eigenständigen Erkunden und Tun an (MIKLITZ 2005, S.26.). Der Wald bietet beinahe unbegrenzte Möglichkeiten für direkte und unmittelbare Erfahrungen, die nicht von Erwachsenen für Kinder initiiert werden müssen. Auf diese Weise stellt er, so HÄFNER, ein Optimum für die Entwicklung der Sinne dar (ders. 2002,S.42). Die Vielfalt des Waldes bietet Kindern mit Anhöhen, Felsen, umgestürzten Bäumen, Bächen und unebenen Untergründen eine Vielzahl an Bewegungsmöglichkeiten und stellt für die motorische Entwicklung eine ideales Übungsgelände dar (vgl. SCHEDE 2000. S.22).

Im Gegensatz zu Regelkindergärten sind Waldkindergärten im Hinblick auf ihre sachliche Ausstattung „arm", sie werden laut der Untersuchung von HUPPERTZ daher aber auch nicht von der gängigen „Spielzeugtechnik" beherrscht (ders. 2204, S.162). Trotzdem ist der Waldkindergarten kein spielzeugfreier Kindergarten. Malutensilien, Werkzeuge, Bücher, Musikinstrumente, Verkleidungskisten, Scheren und Kleber werden durch Forschungsmaterial und die aus der Natur hervorgehenden Materialien ergänzt (vgl. MIKLITZ 2005, S.42f). MIKLITZ erklärt die Bedeutung der Naturmaterialien mit den Worten: „Naturmaterial ist nie unstrukturiert. Im Gegenteil: Die Strukturierungen sind spezifisch und lassen durchaus Zuordnungen zu. Aber: Nicht der Mensch schafft die Strukturen, sondern die Natur. Deshalb sind die Kinder im Wald freier in der Interpretation und weitaus weniger dem Druck durch bestimmte Erwartungshaltungen von Erwachsenen ausgesetzt. Und das setzt kreative Kräfte frei" (ebd. S.41). Der Idee des Waldkindergartens liegt ein ganzheitliches Bild vom Kind zugrunde: in der Natur können Kinder so frei wie möglich mit Zeit, Material und Raum umgehen und ihre eigenen Zeitrhythmen und Spielabläufe entwickeln. In raumgreifenden Bewegungsabläufen können sie ihren Körper und damit sich selbst erfahren. In einem Handlungsrahmen, der ihnen Sicherheit und Orientierung gibt, können sie sich aus eigenem Antrieb entwickeln (ebd. S.67f).

Ein Kindergarten ohne Dach und Wände erfordert von den Erzieherinnen neben der richtigen Ausstattung, die Aufgeschlossenheit, sich auf den von der Natur vorgegebenen Erziehungsraum als Partner einzulassen. Dazu muss jede Erzieherin eine wertschätzende Beziehung zum Wald aufbauen (ebd. S.53). Alles kann im Wald anders verlaufen als geplant, wenn das Interesse der Kinder z.B. einem neu entdeckten Ameisenhaufen gilt. Die Rolle der Erzieherin im Wald ist es, den Kindern als Vorbildfunktion auf moralischer und empathischer Ebene Orientierung zu bieten, das Erfahren der kindlichen Selbstwirksamkeit zu unterstützen und die Kinder zum Experimentieren und Erfinden anzuregen. Aus einem situativen Spüren und Reagieren heraus soll die Walderzieherin Impulse setzen, die sie als geeignet für die Gruppe sieht (vgl. Kapitel 5.4). Mit der notwendigen Geduld und eigener Neugier begleitet sie die Kinder in ihrem Suchen nach Lösungen und Antworten, vermittelt ihnen Vertrauen in die eigenen Fähigkeiten und Kompetenzen. Dabei beobachtet sie die einzelnen Kinder und die gesamte Gruppe und nutzt dieses Wissen im Umgang mit Schwierigkeiten und Defiziten (ebd. S.65). Das Leben mit den Kindern im Wald erfordert über die pädagogische Gestaltung hinaus von der Walderzieherin ein breites Wissen über den Wald, Gefahrenquellen im Wald durch Wasser, Pflanzen und Tiere. Sie muss sich im Gelände orientieren, das Wetter und die Wolken einschätzen und mit Gefahren und Notfällen umgehen. Laut MIKLITZ ist dieses Wissen in die Lehrpläne der ausbildenden Fachschulen noch nicht aufgenommen, wird jedoch teilweise bereits als Wahlfach angeboten (dies. 2005, S.81).

Ein Kindergarten ohne Dach und Wände erfordert neben der Flexibilität aller Beteiligten auch eine besondere Ausrüstung. Wichtig ist dabei die den Jahreszeiten und Witterungen angepasste Kleidung: „*Kleidung im Waldkindergarten verlangt die Kunst, die Kinder so anzuziehen, dass sie weder frieren noch unnötig schwitzen, gegen Zecken geschützt sind und bei alldem genug Bewegungsfreiheit haben*" (vgl. SCHEDE 2000, S.60). Zusätzlich zur richtigen Kleidung benötigen die Kinder einen gut sitzenden Rucksack für ihr Essen, die Wechselkleidung und ihr Forschungsmaterial (Becherlupen, Taschenmesser, Plastikbeutel) und ein Sitzkissen. An erster Stelle der Walderzieherausstattung steht ein Notfallhandy, außerdem müssen sie Wasser zum Händewaschen, Toilettenpapier und ein Erste-Hilfe-Paket zusätzlich zum Spiel- und Forschungsmaterial mit in den Wald nehmen, dies geschieht meist mit Hilfe eines Bollerwagens oder Handwagens (vgl. MIKLITZ 2005, S.88ff).

Der Begeisterung, die dem Waldkindergarten als Alternative und neue Perspektive in der Vorschulpädagogik von Eltern und Erzieherseite entgegengebracht wird, stehen Kritik und Bedenken aus der Fachwelt und der Umwelt gegenüber. Umweltschützer befürchten, dass Waldkindergärten auf Kosten der Natur eingerichtet werden, die Kinder zu viel Lärm im Wald machen und bringen an, dass die vor allem in städtischen Einrichtungen notwendigen langen Anfahrten mit dem Auto ökologisch nicht vertretbar seien. In ländlichen Gegenden werden Waldkindergärten als nicht notwendig angesehen, eine erhöhte Unfallgefahr wird befürchtet und die Vorbereitung der Waldkinder auf die Schule angezweifelt. Der einzige Kritikpunkt, der Bestand hat, so SCHEDE, ist der, dass sich vorrangig finanziell unabhängige

Eltern mit gehobenem Bildungsniveau für den Waldkindergarten interessieren und engagieren und er dadurch zu einer Eliteeinrichtung wird (ders. S.29).

Das Leben im Waldkindergarten erfordert von den Kindern ein Maß an Selbstständigkeit, das unter Dreijährige in vielen Punkten überfordert. Auch sie würden in den Bereichen der Sinneswahrnehmung vom Aufenthalt im Wald profitieren, doch ihre motorischen und sozialen Fertigkeiten entsprechen noch nicht den Anforderungen des Waldkindergartens. Auch für die Erzieherinnen wäre die Aufnahme von Kleinstkindern, die gewickelt werden müssen und die weiten Strecken im Wald noch nicht selbst bewältigen können, eine unzumutbare Belastung. Der Waldkindergarten kann die Bedürfnisse von Kleinstkindern (vgl. Kapitel 3.3.2) nicht in ausreichendem Maße befriedigen.

5.4 Situationsansatz

Die Wurzeln des Situationsansatzes liegen in der deutschen Kindergartenreform der frühen 1970er Jahre (siehe auch Kapitel 2.4 und 2.5). Er zählt zu einer Reihe curricularer Ansätze[22], die entwickelt wurden, um der Vernachlässigung der Bildungsarbeit im Elementarbereich entgegenzuwirken (vgl. CONRAD 1999 in: WOLF & BECKER & CONRAD (Hg.), S.4). Der Situationsansatz gewann an Bedeutung, als der zunächst favorisierte Funktionsansatz die Erwartungen über die Wirkung funktionalen Trainings nicht erfüllte und mangelnder Bezug zu den Lebenssituationen von Kleinkindern festgestellt wurde. Mit dem Situationsansatz als eigenständigem Konzept wurde den leistungsbezogenen Lernformen der Vorschulerziehung ein alternativer lebensweltbezogener Förderansatz entgegengesetzt. Als einziges Konzept aus der Zeit der Bildungsreform hat der Situationsansatz bis heute überdauert und erlebt in den letzten Jahren einen neuerlichen Aufschwung (vgl. didacta 1/2008, S.31).

Der Erziehungswissenschaftler JÜRGEN ZIMMER, Leiter der Arbeitsgruppe Vorschulerziehung des Deutschen Jugendinstituts (DJI), die den Situationsansatz entwickelte, nennt als ideengeschichtliche Paten den brasilianischen Pädagogen PAULO FREIRE[23], die von HENRY MORRIS[24] in England und von JOHN DEWEY[25] in USA begründete „Community Education" und den ehemaligen Direktor des Max-Planck-Instiutes für Bildungsforschung, SHAUL B. ROBINSOHN (vgl. ZIMMER 2006, S.84f.). ADORNOS Zitat „Die Forderung, dass Auschwitz nicht noch

---

[22] Die vier wichtigsten Ansätze: der wissenschaftsorientierte, der funktionsorientierte, der situationsorientierte und der Sozialisationsansatz (siehe auch: Reyer 2006, S.268-280).

[23] Paulo Freire (1921-1997) gilt als Pädagoge der Unterdrückten weltweit, der eine Pädagogik der Hoffnung vermittelte. Im Sinne des dialogischen Prinzips zeigte er neue Wege zwischen Lernenden und Lehrenden auf und wirkte damit weltweit auf demokratische Basisprozesse. In Europa beeinflussten die Gedanken Freires alle pädagogischen Bereiche (vgl. http://freire.de/sprachen/sprachen.html am 5.2.2008).

[24] Henry Morris (1889-1962) ist bekannt als der Begründer der Dorf Colleges, die nicht nur den Schülern, sondern der gesamten Gemeinde des Dorfes dienen sollten (vgl. www.en.wikipedia.org/wiki/Henry_Morris(education) am 5.2.2008

[25] John Dewey (1859-1952) war ein Philosoph, Psychologie und pädagogischer Reformern. Kennzeichnen ist sein Eintreten für eine basisorientierte Demokratie und die direkte Partizipation der Bürger an demokratischen Prozessen. In der Gemeinschaft, die durch Unterschiede geprägt ist, sah Dewey die Chance für die Verwirklichung von Demokratie und setzte sich in diesem Sinn auch für die Gemeinschaftsschule (community education) ein (vgl. www.uni-koeln.de/hf/konstrukt/reich_works/aufsaetze/reich_52.pdf am 5.2.2008

einmal sei, ist die allererste an Erziehung" und das Wissen über die Persönlichkeitsstrukturen von nationalsozialistischen Verbrechern wie ADOLF EICHMANN stellen die Verknüpfung des Situationsansatz mit FREIRES Überzeugung dar, dass der Dialog die Dressur ersetze und: *„Lernen der Ausstieg aus dem Mythos von der Unabänderlichkeit der Situation und handeln-der befreiender Einstieg in die Geschichte ist*" (zit. nach ZIMMER 2006, S.84). Lernen in Zusammenhängen, so ZIMMER, sei eine Grundvoraussetzung des Situationsansatzes. Vor dem Hintergrund der Geschichte Deutschlands ist damit der Versuch gemeint, „[...] *Menschen-kindern ein Stück Widerstandskraft zu vermitteln gegenüber dem Missbrauch ihrer Kompe-tenz durch Autoritäten, Verführer und Demagogen. Sie zu Demokraten zu erziehen, ist ein anderes wichtiges Ziel, das in diesem Zusammenhang steht*" (ZIMMER 2006. S.38). In diesem Sinne kann WILLY BRANDTS Formulierung *„Mehr Demokratie wagen*" als Sinnbild für Autonomie, Solidarität und Kompetenz als zentrales Ziel des Situationsansatzes gedeutet werden (KNAUF in FRIED & ROUX 2006, S.121). Kinder unterschiedlicher sozialer und kultu-reller Herkunft sollen darin unterstützt werden, ihre Lebenswelt zu verstehen und diese selbstbestimmt und verantwortungsvoll zu gestalten. LUDWIG LIEGLE formuliert die Ziel-setzung des Situationsansatzes wie folgt: *„ Das Ganze, um das es hier geht, ist die Unterstüt-zung und Anregung der Kinder auf ihrem Weg ins Leben, in ihrer Entwicklung von Wissen und Wertbewusstsein, Fähigkeiten und Fertigkeiten, Einstellungen und Verhaltensweisen*" (zit. nach didacta 1/2008, S.31).

Als offenes Curriculum „Soziales Lernen" konzipiert, bezieht sich der Situationsansatz auf Handlungsziele und nicht Lernziele, wie es geschlossene Curricula vorsehen. Inhalt des Lernens und der Bildung ist das vielfältige und widersprüchliche Leben der Kinder selbst. Ihre Erfahrungen und Fragen, ihre unmittelbaren Erlebnisse und Herausforderungen sind der Gegenstand der pädagogischen Realität und bestimmen diese mit (vgl. CONRAD 1999, S.6). Diese Einbeziehung der Situation des Einzelnen, seine soziale Realität und die Anerkennung der Komplexität der Lebenswelt, bestimmen die Kernpunkte des Situationsansatzes:

1. Ausgangspunkt der pädagogischen Arbeit ist die Lebenssituation von Kindern und ihren Familien.
2. Kindern soll das Lernen in realen Erfahrungszusammenhängen ermöglicht werden.
3. Elternarbeit im Situationsansatz bedeutet, Eltern an der Erziehung und Bildung ih-rer Kinder in der Kindertageseinrichtung zu beteiligen und die Arbeit transparent zu machen.
4. Durch generationsübergreifende Gruppen sollen jüngeren und älteren Kindern viel-seitige Lernerfahrungen ermöglicht werden.
5. Die Erzieherinnen übernehmen eine neue Rolle, sie sind Mitlernende, Planer und Gestalter der Organisationsstrukturen.
6. Es soll eine enge Verbindung zur sozial-räumlichen Umwelt der Einrichtung auf-gebaut werden (siehe www.ina-fu.de am 9.1.2008).

Ausgangspunkt dieser konzeptionellen Grundsätze ist das dem Situationsansatz zu Gunde liegende Menschenbild. Mit der Erkenntnis, dass „[...] *Kinder über Möglichkeiten [verfügen],* *ihre eigene Entwicklung selbst zu steuern, den aktiven Part im alltäglichen Tun zu über-* *nehmen, soziale Akteure zu sein"*, drückt ZIMMER die Anerkennung der Selbsttätigkeit aus (ders. 2006, S.18). „*Kinder"*, so heißt es im Leitbild des Situationsansatzes, „*haben von* *Anfang an eigene Rechte und vollziehen die für ihre Entwicklung und Entfaltung notwendigen* *Schritte durch eigene Aktivität"* (www.ina-fu.de am 9.1.2008).

Der Situationsansatz hat es sich zur Aufgabe gemacht, das Lernen von Kindern, ihre Wahrnehmung der Welt, ihr Ordnen, Unterscheiden und Erkennen von Zusammenhängen zu sehen und gezielt in sozialen, situativen Zusammenhängen zu fördern (ZIMMER 2006, S.48). Die pädagogischen Ziele sind an den demokratischen Grundwerten und gesellschaftlichen Entwicklungen orientiert und umfassen wesentliche Bereiche der Persönlichkeitsentwicklung, der Ich-, Sozial- und Sachkompetenz. Dies beinhaltet ebenso die Unterstützung der geschlechtsspezifischen Identitätsbildung und eine kritische Betrachtung stereotyper Rollenzuweisungen und -übernahmen, wie die Integration von Kindern mit Behinderungen, mit unterschiedlichen Entwicklungsvoraussetzungen und Förderbedarf. In einer Gesellschaft, die durch kulturelle Vielfalt geprägt ist, soll aktiv gegen Diskriminierung und Vorurteilsbildung eingetreten und eine Kultur des wechselseitigen Respekts entwickelt werden (www.ina-fu.de am 9.1.2008).

Der Situationsansatz enthält „*ganz ausdrücklich"* einen Bildungsansatz, der sich jedoch nicht auf soziales Lernen reduzieren lässt (vgl. ZIMMER 2006, S.42). Bildung wird dabei nicht verstanden als Begriff „*abgehobener Förderung"*, vielmehr sollen die Entwicklungsbedürfnisse der Kinder in ihren Situationen verstanden und ihre Fähigkeiten, „[...] *mit sich selbst,* *mit anderen und mit einer Sache gut zurecht zu kommen"* gefördert werden (www.ina-fu.de am 8.1.2008). Auf der Grundlage der Erkenntnisse der jüngeren internationalen Fachdiskussion über die Bedeutung der Sinnestätigkeit, der motorischen Aktivitäten sowie der sozialen Beziehungen, sieht der Situationsansatz den Kindergarten nicht als den Ort, an dem Kinder lediglich Wissen aufnehmen und kognitiv gefördert werden sollen. Im Kindergarten sollen vielmehr die Grundlagen für kognitives Lernen erweitert werden (ZIMMER 2006, S.38). ZIMMER fordert in diesem Sinne, bei der Auswahl von Situationen das Bildungspotential hinsichtlich eines forschenden, entdeckenden Lernens zu überprüfen (vgl. ebd. S.42). Der Bildungsanspruch des Situationsansatzes verlangt „[...] *mit geschärftem Blick den Bildungs-* *gehalt heraus zu destillieren und „anzureichern": Es geht nicht nur um Wissen für die Situa-* *tion, sondern um Kontextwissen, um Überblickswissen, um Weltverständnis, um die* *Entwicklung von Lernstrategien"* (ebd. S.77).

In Anlehnung an FREIRE unterscheidet ZIMMER den „großen Situationsbereich" wie etwa die politische Lage eines Landes und den „kleinen Situationsbereich", der im Alltag des Einzelnen zu verorten ist. Eine Situation gewinnt dann an Bedeutung, wenn das Schlüsselproblem ein generatives Thema darstellt, also den Einzelnen ebenso wie die Gesamtheit der Menschen betrifft (vgl. ebd. S.31f). Im Situationsansatz fällt es in den Aufgabenbereich der Erzieher hinter einem Anlass eine Schlüsselsituation zu erkennen. Vor der Auswahl einer Situation steht ihre Erkundung. Analysekriterien sind unter anderen, ob es sich um eine Situation von Kindern handeln soll, ob sie den wichtigen Zielen des Situationsansatzes wie Autonomie, Solidarität, Unternehmergeist entspricht und diese fördern kann, ob es sich um eine beeinflussbare, gestaltbare Situation handelt und ob es sich um eine Situation handelt, die zur Lust am Leben beitragen kann (vgl. ZIMMER 2006, S.75). Die Situationsanalyse muss die Erzieherin nicht alleine bewältigen. Im kontinuierlichen Diskurs mit den Kindern, im Austausch mit Eltern, Kolleginnen und anderen Quellen, soll die Erzieherin zu einer Interpretation gelangen, die es ihr ermöglicht die Situation einzuordnen. Aus den in Frage kommenden Lebenssituationen werden jene ausgewählt, die im Sinne von Schlüsselsituationen Kindern die Möglichkeit eröffnen, auf exemplarische Weise Situationen zu verstehen, mitzugestalten, zu verändern und dabei für ihre Entwicklung wichtige Kenntnisse, Fähigkeiten und Fertigkeiten zu erwerben (vgl. www.ina-fu.de am 9.1.2008). Ist die Entscheidung auf eine Situation gefallen, werden die pädagogischen Ziele formuliert. Im Vordergrund muss, so ZIMMER, immer das Kind stehen, das sich selbsttätig auf den Weg macht, um sich Qualifikationen zu erwerben und seine Kompetenzen zu erweitern (ebd. S.77). Das Projekt, das kein spektakuläres Vorhaben sein muss, sondern sich durch das Ermöglichen von Realerfahrungen auszeichnet, soll sich an den Prinzipien des Situationsansatzes orientieren. Dazu zählen im Wesentlichen der Bezug von Situationsanalyse und Zielbestimmung, die Förderung von Autonomie, Solidarität, Kompetenz und Verantwortung, eine Anpassung an die entwicklungsbedingten Bedürfnisse der Kinder, Selbsttätigkeit und Mitgestaltung der Kinder, und die Ganzheitlichkeit der Person (ebd. S.79). Auf diese Weise möchte der Situationsansatz Kindern sachbezogenes Lernen nicht in Abspaltung, sondern innerhalb sozialer Zusammenhänge ermöglichen.

Der Anspruch, Kindern reale Erfahrungsmöglichkeiten bieten zu wollen, spiegelt sich auch in den Ideen zur Raumgestaltung wieder: „*Raus mit der schönen falschen Welt, wir üben die intelligente Bescheidenheit, bauen uns unsere selbst und gestalten die Einrichtung neu*" (ZIMMER 2006, S.66). In Anerkennung der Selbstständigkeit und Wahlfreiheit der Kinder sollen sie aktiv in den Prozess der Raumentwicklung mit einbezogen und an der Gestaltung mitwirken. Räume sollen in eine anregungsreiche Umgebung verwandelt werden, die Materialien bereithält, die frei zugänglich und veränderbar sind (www.ina-fu.de am 9.1.2008). Durch die vom Situationsansatz favorisierte Altersmischung sieht ZIMMER den Bedarf in Einrichtungen von Zonen - Höhlen, Kammern, Verstecke, Bewegungsräume - zu schaffen, damit sich Kinder ihren Bedürfnissen folgend allein, mit Gleichaltrigen und in gemischten Gruppen sich zurückziehen können, toben, forschen oder auch ruhen (ZIMMER 2006, S.49). Jeder Raum soll Erfahrungsmöglichkeiten bieten, die durch die Auswahl des Spielzeuges unterstützt werden. Phantasie und Kreativität anregende „echte Spielmaterialien" sollen gegenüber extra zu Spielzwecken hergestellten Dingen bevorzugt werden (ebd. S.66). Auf dieser Weise können sich Kinder ein breites Feld des Experimentierens und

Handelns erschließen und sich in unterschiedlichen Situationen erproben. Die Trennung von Beschäftigung und Freispiel wird dabei aufgehoben, „[…] *weil Kinder in ihren Rollenspielen, Spielen und Arbeiten situationsbezogene Erlebnisse und Vorerfahrungen weiterverarbeiten und sich an die Kategorien Erwachsener nicht mehr halten"* (ZIMMER 2006, S.68).

Das DJI führte die mit der Entwicklung des Situationsansatzes begonnene Arbeit zur Qualifizierung von Tageseinrichtungen fort (SCHNEIDER & ZEHNBAUER 1997 in LAEWEN & NEUMANN & ZIMMER (Hg.), S.131). Der pädagogische Alltag in den Einrichtungen und die Umsetzung der Prinzipien des Situationsansatzes stellten das wesentliche Forschungsinteresse dar. Obwohl sich der Situationsansatz auf bundesweiter Ebene als pädagogisches Konzept in Einrichtungen des Elementarbereiches durchgesetzt hat, treten in der praktischen Umsetzung Probleme auf: fehlende theoretische Grundlagen und mangelnde Erfahrung in der Umsetzung des Wissens bei den Erzieherinnen werden als ursächlich für eine bruchstückhafte und reduzierte Anwendung des Situationsansatzes gesehen (vgl. ebd. S.133). In vielen Einrichtungen sei der Ansatz reduziert auf „[…] *eine pädagogische Methode für die Beschäftigung von Kindern*" zu erleben, heißt es aus dem DJI (ebd. S.133). Diese Erkenntnis steht im Gegensatz zu der Vorstellung, dass der Situationsansatz von den Erzieherinnen auf die eigene Praxis übertragen und beeinflusst von neuen gesellschaftlichen Kontexten weiterentwickelt werden soll (vgl. ebd. S. 132).

Der Situationsansatz entstand im Zuge der Kindergartenreform und hat sich als pädagogisches Konzept in vielen Einrichtungen durchgesetzt. Von Krippen und altersgemischten Einrichtungen, die auch Kleinstkinder betreuen, erwartet der Situationsansatz, auf ihre Bedürfnisse „[…] *Rücksicht zu nehmen und Wissen darüber zu gewinnen, wann und in welchen Zonen Kinder besonders entwicklungsoffen, welche kognitiven Strategien wann besonders entwicklungsträchtig sind*" (ZIMMER 2006, S.48). Auch bei den Jüngsten steht im Situationsansatz die Wahrung von Autonomie und Kompetenz im Vordergrund. In den Situationen des Alltags soll ihnen die Chance zugestanden werden, selbstständig zu handeln, zu experimentieren, sich in Bewegungsabläufen zu irren und zu verbessern, mit Zeit, Lust und Neugierde und „[…] *ein bisschen selbstauferlegter Anstrengung zu lernen* […]" (vgl. ebd. S.33).

5.5   Bewegungskindergarten

Der erste Bewegungskindergarten wurde 1972 in Freiburg im Breisgau unter der Trägerschaft eines Sportvereines gegründet (KROMBHOLZ 2005, S.13). Dieser und die in den Folgejahren entstanden Einrichtungen in anderen Städten hatten es sich zunächst zum Ziel gesetzt, Kinder sportlich zu fördern und zu erziehen. Mit dem wachsenden Bewusstsein über die Bedeutung von Bewegung für die kindliche Entwicklung und der von Eltern und Erziehern empfundenen Sorge um den Gesundheitszustand und die motorischen Fähigkeiten junger Kinder wurden die Konzepte der Bewegungs- und Sportkindergärten erweitert. Meldungen wie „*Unsere Kinder werden immer dicker!*" (siehe z.B. www.stern.de/wissenschaft.de am 5.12.07) und „*Kinder können nicht mehr rückwärts laufen!*" (z.B. www.abendblatt.de am 5.12.07) zeugen von den medialen Übertreibungen der erwachsenen Ängste. Doch die Lebenswelt moderner Kindheit hat sich tatsächlich zum Nachteil des kindlichen Bewegungsbedürfnisses verändert. Die zunehmende technische Mobilität der modernen Gesellschaft fördert eine immer stärkere körperliche Immobilität, in die Kinder und Jugendliche immer selbstverständlicher hinein-sozialisiert werden (vgl. ZIMMER 2004 in ZIMMER & HUNGER, S.17). Eine Studie der Univer-sität Hamburg beschäftigte sich mit der Frage *„Können Kinder wirklich nicht mehr rückwärts laufen?"* Ein wesentliches Ergebnis war, dass 60% Prozent der befragten Grundschulkinder[26] am meisten und am liebsten in der Wohnung spielen und 66,7% jeden Tag fernsehen, über 60% der Kinder 120 Minuten und länger. 51,3 % der Viertklässler gaben aber auch an, in einem Sportverein aktiv zu sein, fast 100% der Kinder besaßen ein Fahrrad (vgl. www.erzwiss.uni-hamburg.de/Projekte/Kknrl/index.htm am 5.12.2007). Vielfältiges Medienangebot, zunehmende Verstädterung und Verhäuslichung, verstärktes Verkehrsauf-kommen und die Veränderung tradierter Sozialstrukturen wirken sich auf die Bewegungs-möglichkeiten und Bewegungsgewohnheiten moderner Kinder aus. RENATE ZIMMER (2004, S.149f) fasst zusammen, dass *„[...] Welterschließung immer weniger über Spiel und Bewe-gung und eigentätiges Handeln, sondern mehr in Form von Sekundärerfahrungen über die Medien erfolgt"* - Körpererfahrung tritt immer stärker zugunsten der durch Fernsehen und Computer vermittelten Erfahrungen in den Hintergrund. Als Folge dessen erfahren Kinder weniger die Möglichkeit sich als aktiv Handelnde zu erleben. Der Überflutung mit visuellen und akustischen Sinnesreizen sind Kinder häufig ohne die Möglichkeit der Verarbeitung ausgesetzt.

Zimmer sieht als Aufgabe des Kindergartens, Hilfen zur Aufarbeitung der vielfältigen Sinnes-eindrücke zu geben (ebd. S.150). Bewegungserziehung in Krippe und Kindergarten soll Kinder also nicht sportlicher und körperlich leistungsfähiger machen, sondern grundlegender Bestandteil einer frühkindlichen Erziehung sein, die es sich zum Ziel macht, eine gesunde und harmonische Persönlichkeitsentwicklung des Kindes zu fördern (ebd. S.148). In diesem Sinne steht das Kind als Ganzes in der modernen Bewegungserziehung im Vordergrund. Eine auf das „ganze Kind" bezogene Bewegungserziehung ist unter gesundheitlichen und präventiven, motorischen, sozialen und kognitiven Aspekten konzipiert (vgl. KROMBHOLZ 2005, S.14). Für die Umsetzung von Bewegungsangeboten fordert ZIMMER geforderten sechs didaktischen Prinzipien: Kindgemäßheit, Offenheit, Freiwilligkeit, Erlebnisorientiertheit, Entscheidungs-möglichkeit und Selbsttätigkeit (dies. 2004, S.154). Durch das Erleben des eigenen Körpers beim Klettern, Springen, Hangeln, Schaukeln, Toben, Tanzen, Balancieren, im Partnerspiel usw. setzen Kinder sich mit ihrer Umwelt auseinander. Dabei erforschen sie ihre Umgebung und können sich ein Bild von ihr machen. Ihre Neugier wird durch den Spaß und Erfolgs-erlebnisse zur treibenden Motivation. Diese starke Motivation, die Welt zu erforschen und

---

[26] Die Stichprobe: Von den 1672 Schülern aus 76 Schulen waren: - weiblich 804 (48,1%), - männlich 868 (51,9%), in der 2. Klasse 857 (51,2%), in der 4.Klasse 815 (48,2%), deutsch 1224 (73,2%), mit Migrations-hintergrund 448 (26,8%)

sich selbst darin wahrzunehmen bringt Kinder in ihrer Entwicklung voran (WANDERS 2006, S.13). Sie verstehen komplexe Sachzusammenhänge ihrer Umwelt über ihre Körperbewegung und das damit verbundene sinnliche Beobachten. Sie probieren aktiv aus, wie sie Probleme lösen können, entwickeln Strategien und sammeln handelnd neue Erfahrungen, die sie mit bereits gemachten verknüpfen. Wer mehr erlebt, kann auch mehr Schlussfolgerungen ziehen und mehr Erfahrungen verknüpfen. Bewegung kann daher als wichtiger Bestandteil im Selbstbildungsprozess des Kindes gesehen werden (ebd. S.13), *„Bewegungsbildung ist eben auch Menschenbildung [...]"* (ZIMMER 2004, S.18). Als Konsequenz für den Kindergartenalltag fordert ZIMMER (ebd. S.164), dass *„[...] Bewegungsmöglichkeiten so in den Tagesablauf integriert werden, dass sie Bestandteil des täglichen Lebens im Kindergarten sind. Kinder sollten jederzeit ihrem Bedürfnis nach Bewegung nachkommen können, ohne dabei andere zu stören, die u.U. mehr Ruhe für konzentrierte Betätigungen oder Spiele brauchen."*

Der Tagesablauf eines Bewegungskindergartens sollte sich nach Vorstellungen des seit 2005 bestehenden Aktionsbündnisses Bewegungskindergarten Rheinland-Pfalz (www.bewegungskindergarten-rlp.de am 5.12.2007) aus folgenden Elementen zusammensetzen:

- Bewegungsalltag:
  Den Kindern wird möglichst viel freie Zeit für Bewegung und Spiel angeboten. Die Erziehenden beobachten die Kinder sehr genau und eignen sich dadurch differenzierte Kenntnisse über deren Entwicklungsstand und Bedürfnisse an, um auf dieser Grundlage Angebote zu planen.
- Angeleitete Bewegungs- und Spielstunde:
  Mindestens einmal in der Woche sollen Angebote im Bewegungsraum, im Außengelände, in der Natur oder im Schwimmbad stattfinden. Die Zielsetzung dieser mindestens 45minütigen Einheiten kann über Sprachförderung, Körperwahrnehmung, mathematischen Erfahrungen, Koordinationsförderung, Sinneswahrnehmung und Bewegungsvielfalt variiert werden.
- 15 Minuten angeleitete Bewegungsspiele täglich:
  Angeleitete Bewegungsangebote sollten täglich in jeder Gruppe stattfinden. Zu diesen Angeboten zählen traditionelle und neue Spiele, Kreisspiele, Bewegungslieder oder auch Straßenspiele. Anhand dieser Spiele soll die Wahrnehmungs- und Bewegungsfähigkeit der Kinder geschult werden, durch Wiederholung werden sie mit Spielstrategien vertraut gemacht.

- Sport AGs und Projekte:
  Zusätzlich zu den alltäglichen Bewegungsangeboten sollen auch immer wieder AGs angeboten werden, an denen die Kinder über einen gewissen Zeitraum teilnehmen. In diesem Rahmen können z.B. sportliche Fertigkeiten gezielt gefördert werden und Kinder bekommen die Möglichkeit, ihre speziellen Fähigkeiten und Neigungen auszuprobieren und auszubilden. Kooperation mit Sportvereinen und Eltern ist ausdrücklich erwünscht.

Einrichtungen für Kinder, die deren Bedürfnis nach Bewegung entsprechen sollen, müssen neben der Gestaltung des Alltags besonders die Gestaltung der Räumlichkeiten berücksichtigen. Unverzichtbar für einen „bewegten Kindergarten" ist ein Bewegungsraum, der den Angeboten angepasst werden kann. Flexible Raumnutzung kann z.B. durch Wand- und Deckenschienen, an denen Seile, Ringe, Schaukeln usw. angebracht sind, umgesetzt werden. Ein rutschfester Bodenbelag und eine gute Akustik sollten zum Standard des Bewegungsraumes dazugehören (vgl. ZIMMER 2004, S.203). Um dem Anspruch, Bewegung fest im Kindergartenalltag gerecht zu werden, müssen auch im Gruppenraum Bewegungsgelegenheiten geschaffen werden. Dabei steht die Multifunktionalität des Gruppenraumes im Vordergrund: Unterschiedliche Sitzgelegenheiten, leicht bewegliche Multifunktionsmöbel auf Rollen[27], eine Ruhe- und Tobecke ausgestattet mit Matten, Matratzen, Kissen und Schaumstoffbauelementen. So kann den unterschiedlichen Bedürfnissen der Kinder entsprochen werden. Bewegung und Toben wird ebenso ermöglicht wie Ruhen, Kuscheln, Lesen oder künstlerische Aktivitäten (vgl. www.bewegungskindergarten-rlp.de am 5.12.2007)

Die Ideen des Bewegungskindergartens lassen sich auch auf Kinder, die noch nicht laufen oder auch noch nicht krabbeln, übertragen. In Anlehnung an EMMI PIKLER (ausführlich in Kapitel 5.6) betont ZIMMER (2004, S.127), dass es in der Bewegungserziehung von Kleinstkindern nicht das Ziel sein darf, Bewegungen mit ihnen einzuüben, die sie noch nicht selbst ausführen können. Vielmehr müssen die räumlichen Voraussetzungen den Bedürfnissen angepasst sein und ein selbstständiges Erkunden und Hantieren ermöglichen. Platz für Krabbelaktivitäten, unterschiedliche Bodenbeläge oder eine „Taststraße", Podeste im Raum für gefahrloses Klettern, Matratzen und Schaumstoffelemente für die Innenräume, Rutschautos, Klettermöglichkeiten, Sand-Matschkasten für das Außengelände bieten auch den Kleinsten ein offenes Angebot an Bewegungsmöglichkeiten (ebd. S.129). Die Kinder werden bei ihren

---

[27] Der Architekt Reiner Maria Löneke hat unterschiedliche „Mobile Tools" entwickelte. Diese Tools sind Würfel aus Holz und Aluminium auf Rädern. Kinder können sie „wie überdimensionale Bauklötze durch den Raum schieben und sich nach Bedarf ihre eigenen Räume schaffen"(Van Marwyck, Wir bauen uns unseren Kindergarten selbst. In: Eltern 7/2007). Es gibt ein Stauraum-Tool, ein Schlaf/Lese-Tool, ein Kunst-Tool, in Musik-Tool, ein Technik-Tool und ein Bewegungsmodul, außerdem die Grundausstattungs-Tools wie Teeküchen-Tool, Betreuer-Tool und Sanitäts-Tool. Durch die Auswahl der Tools, durch Zugeben oder Wegnehmen einzelner Elemente wird je nach Bedürfnis Bewegungs-, Spiel-, oder Funktionsfläche geschaffen. Markierungen auf dem Boden ermöglichen verschiedene Grundanordnungen, wie etwa die „Bewegungsstunde" bei der Tools kompakt gestellt werden (siehe auch: www.loenke-berlin.de/architekturbuero/projekt_projekt6.php am 6.12.2007).

selbstbestimmten Bewegungserfahrungen durch die aufmerksame Pflege, Beobachtung und Unterstützung der Erziehenden begleitet. Die Erwachsenen sollen sich am Spiel beteiligen und Anregungen für Wahrnehmung und Bewegung geben, die Kinder aber zu nichts herausfordern, zu deren Bewältigung sie Hilfe benötigen. Auf diese Weise wird die Eigenaktivität des Kindes gefördert und seinem Bedürfnis nach Selbstständigkeit Raum gegeben (ebd. S.128).

5.6   Emmi Piklers Lóczy-Modell

EMMI PIKLER ist die Begründerin einer Pädagogik des Säuglings- und Kleinkindalters auf der Basis der frühkindlichen Bewegungsentwicklung. Das selbstständige Entwickeln und Entdecken des eigenen Körpers und der Umwelt sieht PIKLER als die grundlegende Vorraussetzung für eine gesunde körperliche und psychische Persönlichkeit. Sie fordert die Eltern und Erzieherinnen auf, ihr Verhalten und ihre Einstellung gegenüber jedem Kind konsequent zu überdenken und gegebenenfalls zu ändern. Kinder sind in PIKLERS Theorie und in der daran orientierten Praxis, keine Objekte, über deren Kopf hinweg gehandelt und entschieden wird, sondern aktive Partner, deren Bedürfnisse und Eigenaktivität im Mittelpunkt des erwachsenen Handelns stehen. Für die von PIKLER geprägte Pädagogik wird in der Literatur auch der Name „Lóczy-Modell"[28] verwandt. Das Lóczy ist das Säuglingsheim in Budapest, das Pikler über 30 Jahre leitete, und der Ort, an dem sie ihre Theorien in die Praxis umsetzte und wissenschaftlich begleitete.

In diesem Kapitel werden zunächst die Person EMMI PIKLER und die Entstehung ihrer Pädagogik vorgestellt. Es folgt eine Darstellung der Grundsätze der pädagogischen Arbeit nach dem Lóczy-Modell. Am Beispiel der Kinderkrippe Gleiwitzer Straße in Mainz wird gezeigt, wie das Lóczy-Modell in einer Tageseinrichtung für Kleinstkinder umgesetzt wird.

5.6.1   Zur Person Emmi Pikler

Wie auch MARIA MONTESSORI war EMMI PIKLER zunächst Ärztin und nicht Pädagogin. Sie gehörte damit zu einer Generation von Kinderärzten (BENJAMIN SPOCK, MARGARET MAHLER, DONALD WOODS WINNICOTT, MARIA MONTESSORI), die großen Einfluss auf die Kleinkindpädagogik und Kleinkindpsychologie genommen haben (vgl. CZIMMEK 1999, S.1).

PIKLER studierte in den 1920er Jahren in Wien Medizin, promovierte 1927 und erhielt ihre pädiatrische Fachausbildung an der Wiener Universitäts-Kinderklinik [29].Ausgebildet wurde

---

[28]   Gesprochen: Loozi. Der offizielle Name lautet heute: Methodologisches Institut „Emmi Pikler" für Säuglingsheime. (vgl. Pikler 1988, S.10).

[29]   Während der Zeit ihres Studiums gab es in Wien eine ausgeprägte Montessori-Bewegung in Kindergärten und Schulen. Laut Czimmek fehlen jedoch eindeutige Belege dafür, dass Pikler Montessoris Ansatz der autonomen kindlichen Entwicklung und Entfaltung der inneren Kräfte gekannt und inwiefern sie diesen als Grundlage für ihre eigenen Ideen genutzt hat (vgl. Czimmek 1999, S. 14f; siehe auch Kapitel 5.1).

sie von Professor CLEMENS VON PIRQUET[30] und dem Kinderchirurgen Professor HANS SAL-ZER[31]. Beide sensibilisierten ihren Blick in den Bereichen der Physiologie und Prävention (FALK in PIKLER u.a. 2005, S.17). Dort lernte PIKLER, dass auch eine unangenehme Untersuchung an einem Kleinstkind so ausgeführt werden kann, dass das Kind nicht zum Weinen gebracht wird. Der Arzt soll sich im Klaren darüber sein, dass er einen lebendigen und empfindsamen Menschen behandelt, daher muss er sich immer behutsam und mitfühlend verhalten. So mussten die Kinder während ihres Krankenhausaufenthaltes nicht im Bett liegen, sie durften auch außerhalb ihrer Betten spielen und sich bewegen (www.we-ev.de am 29.12. 2007). Wie sie es von ihren Professoren gelernt hatte, standen für PIKLER nicht einzelne, losgelöste zur Prävention auftretender Krankheiten angeordnete Maßnahmen im Mittelpunkt ihrer Arbeit, sondern die „[...] *Gesamtheit und Harmonie der sorgfältig ausgearbeiteten Bedingungen für eine gesunde Lebensweise und Entwicklung*" (ebd. S.17f). Von Professor VON PIRQUET übernahm PIKLER die Einstellung, dass es die Aufgabe eines Kinderarztes sei, gesunde Kinder gesund zu halten und sich nicht auf das Heilen und Erkennen von Krankheiten zu beschränken (PIKLER 1988, S.241). In Anknüpfung an die Erfahrungen ihrer Ausbildungszeit beschlossen PIKLER und ihr Ehemann GYÖRGY PIKLER[32], ein Mathematiker und Pädagoge, ihre Tochter ANNA[33] in Anerkennung der Bedeutung von Eigenaktivität und eigenständiger Bewegungsentwicklung für die Persönlichkeitsentfaltung zu erziehen (ebd. S. 241). In ihren Studien hatte PIKLER verfolgt, wie ein Baby Schritt für Schritt vom Liegen auf dem Rücken zum Stehen und Gehen gelangt, ohne auf die Hilfe der Erwachsenen angewiesen zu sein. Während ihres Aufenthaltes in Triest hatte sie beobachten können, wie ungeschickt und steif sich Kinder bewegten, die von ihren Eltern zu Bewegungen motiviert worden waren,

---

[30] Clemens von Pirquet (1874-1929) ist bekannt für seine Untersuchungen über die Pockenimpfung und schuf den Begriff der Allergie. Er entwickelte die Tuberkulinreaktion und ein neues Ernährungssystem, das so genannte Nemsystem. Das Quadrat der Sitzhöhe des Säuglings, das ungefähr der Ernährungsfläche des Darmes entspricht, diente als Grundlage zur Bestimmung von Art und Menge der Säuglingsnahrung (nach Czimmek 1999, S.9).

[31] Hans Salzer (1871-1944) absolvierte sein Medizinstudium in Wien, er promovierte1895 zum Dr.med. Anschließend arbeitete er an mehreren klinischen Abteilungen in Wien und Prag. Nach seiner Assistenzzeit in Wien übernahm er die Leitung der chirurgischen Abteilung des Kronprinz-Rudolf-Kinderspitals. 1909 wurde er zum Privatdozenten ernannt, 1930 zum Direktor des Mautner-Markhoffschen-Kinderspitals, 1936 verlieh man ihm den Hofrattitel (übernommen von Czimmek 1999, S.12).

[32] György Pikler (1903-1969) war ein Pionier der Reformökonomie. Außerdem unterrichtete er mit reformpädagogischen Ideen Mathematik. Es war ihm wichtig, den Kindern Zeit zu geben und ihnen zu ermöglichen grundsätzliche Fortschritte zu machen statt mechanisch Programme durchzuarbeiten. Während des Zweiten Weltkrieges wurde er aufgrund seiner kommunistischen Gesinnung in einem Konzentrationslager gefangen gehalten. In der Zeit der ungarischen Revolution von 1956 beging er aufgrund falscher Anklage aus politischen Gründen Selbstmord (nach Czimmek 1999, S.15)

[33] Anna Tardos wurde 1931 als erste Tochter von Emmi und György Pikler in Wien geboren. Sie wuchs in Budapest auf. Anna Tardos studierte Psychologie und Pädagogik in Moskau. An der Universität in Budapest machte sie ihr Fachdiplom als Kinderpsychologin und arbeitete in der pädagogischen Abteilung, bis sie nach der ungarischen Revolution 1956 aus politischen Gründen entlassen wurde. Von 1956 bis zur Geburt ihres dritten Kindes unterrichtete sie Russisch und Psychologie an einem Gymnasium. Ab 1961 war sie teilzeitig, seit 1965 vollzeitig als Psychologin im Pikler-Institut tätig. 1991 wurde sie stellvertretende Direktorin. Ann Tardos ist Ko-Autorin einiger Bücher und schrieb etliche Artikel. Sie ist als Referentin auf internationalen Kongressen (Rom, Paris, Brixen, San Francisco, Tampere/Finnland, Graz) und zu Fortbildungskursen im Ausland (Frankreich, USA, Belgien, Italien, Österreich und Deutschland) unterwegs (nach ebd. S.8).

zu denen sie noch nicht reif waren (CZIMMEK 1999, S.16). Ihre Tochter ANNA sollte die Möglichkeit bekommen, sich in einer entsprechend gestalteten Umgebung frei und ungestört entwickeln zu können (vgl. PIKLER 1988, S.18). PIKLER (ebd. S.18) sagt über dieses „Experiment": *„Nachdem die Entwicklung unseres Kindes uns in unserer Überzeugung bestätigt hatte, lenkte ich als Kinderärztin in diesem Sinne mehr als 10 Jahre lang die Erziehung von Säuglingen und Kleinkindern."* Damit legte sie den Grundstein für einen Bewusstseinswandel im Umgang mit Säuglingen und Kleinkindern.

Aufgrund ihrer jüdischen Abstammung und der geltenden antijüdischen Gesetze in Ungarn war eine Anstellung in einem Krankenhaus für PIKLER in den 1930er Jahren nicht möglich. Die einzige Möglichkeit, als Ärztin praktizieren zu können, bestand in der Gründung einer eigenen Praxis, die sie jedoch in unkonventioneller Weise führte. In der Praxis wurden die Kinder geimpft oder ältere Kinder behandelt. Den größeren Teil ihrer Arbeitszeit verbrachte sie mit Hausbesuchen (vgl. CZIMMEK 1999, S.18f). In der alltäglichen Umgebung leitete sie die Eltern im Sinne ihrer Beobachtungen, Erfahrungen und Überzeugungen zu einem Erziehungsweg an, der ohne jede noch so kleine oder versteckte Gewaltanwendung auskommt. Mit dem Ziel, Eltern bei der Kindererziehung zu unterstützen, bildete PIKLER über ihre Arbeit als Ärztin hinaus junge Frauen[34] in Kinderpflege aus, die den Familien nach Geburten oder in prekären Lebenslagen helfend zur Seite standen. Außerdem baute sie eine Art Tagespflegenetzwerk und eine Tauschbörse für Kindersachen auf (ebd. S.28). Auf diese Weise kam sie ihrem persönlichen Ziel näher, Menschen mit unterschiedlichen Schwierigkeiten zu unterstützen, damit sie ihr Leben selbstständig und aktiv bewältigen. PIKLER hielt außerdem Vorträge über die Pflege und Erziehung von Kleinstkindern und veröffentlichte verschiedene Artikel. Aus diesem Material stellte sie ein Buch für Eltern zusammen, das 1940 zum ersten Mal erschien. Die deutsche Auflage von *„Friedliche Babys - zufriedene Mütter"* kam 1982 heraus, das Buch wurde seitdem zehn mal wieder aufgelegt.

Für die Kinderärztin stand fest, dass eine gesunde, selbstständige Entwicklung durch Spiel und Bewegung unweigerlich mit einer tragenden Beziehung zu den Eltern verbunden ist. Die Gestaltung der räumlichen Umgebung, die Organisation des Tagesablaufs, die Ernährung des Kindes und die kooperative Gestaltung der Pflege, sah PIKLER als die wesentlichen Elemente einer gelungenen Prophylaxe an (www.we-ev.de am 29.12.2007). PIKLER begründete ihren Ansatz mit der Aussage, dass der Säugling *„[...] lernt sich selbstständig mit etwas zu beschäftigen, an etwas Interesse zu finden, zu probieren, zu experimentieren. Er lernt Schwierigkeiten zu überwinden. Er lernt die Freude und die Zufriedenheit kennen, die der Erfolg - das Resultat seiner geduldigen, selbstständigen Ausdauer- für ihn bedeutet"* (dies. 1982, S.35). Mit

---

[34] Bei den jungen Frauen handelte es sich meist um Jüdinnen, die durch die Judengesetze vom staatlichen Bildungssystem ausgeschlossen waren. In Zusammenarbeit mit einer jüdischen Gemeinde kam so auch eine Kindergärtnerinnenausbildung zustande. Außerdem war es Piklers Anliegen Frauen zu unterstützen, deren Männer, Brüder und Väter wie ihr eigener Ehemann aufgrund ihrer kommunistischen Aktivitäten festgehalten wurden (vgl. Czimmek 1999, S. 29, S.42).

dieser Überzeugung prägte sie ein Bild vom Kind, das davon ausgeht, dass es von Natur aus friedlich, an sich selbst und seiner Umgebung interessiert, aktiv und selbstbewusst ist (vgl. PIKLER 1982, S.10). Das Kind ist für PIKLER ein Wesen, das von seiner Geburt an auf der Suche nach einem Leben im Gleichgewicht ist, das fähig ist, dieses selbst zu finden, es zu verlassen und dadurch seine persönlichen Grenzen auszuweiten (vgl. CZIMMEK 2007, www.we-ev.de) Damit entsprach sie nicht unbedingt den Vorstellungen ihrer Zeitgenossen. Doch aus der Überzeugung heraus, das Richtige zu tun, stellte sie an die Eltern, die sie betreute, hohe Ansprüche hinsichtlich der Organisation ihres Lebens, der Umgebung und ihres Umgangs mit dem Kind (FALK 2005, S.21).

Als PIKLER 1946 mit der Leitung eines Säuglingsheimes in Budapest beauftragt wurde, sah sie sich vor die Aufgabe gestellt, den unter den Heimkindern verbreiteten Hospitalismus zu beenden. In dem sich in der Lóczy-Straße befindlichen Säuglingsheim, das als Lóczy bekannt geworden ist, setzte PIKLER ihre Arbeit nach den Grundsätzen und Überzeugungen aus der Familienarbeit fort. Dabei versuchten sie und ihre Pflegerinnen nicht, mütterliche Beziehungen nachzuahmen, da eine Einrichtung dies nicht leisten kann. Vielmehr vertrauten das Lóczy-Team darauf, dass eine herzliche Beziehung zwischen Pflegerinnen und Kind, aufbauend auf uneingeschränkter Aufmerksamkeit während der Pflege, den Kindern Beständigkeit bietet und individuelle Bedürfnisse befriedigt (vgl. www.aipl.org am 29.12.2007; ausführlich beschrieben in Kapitel 5.6.3). Ihre Arbeit, deren Ideen mit den damals üblichen Praktiken der Kindererziehung radikal brachen, war erfolgreich: *„In unserem Institut haben wir erreicht, daß das Hospitalismus-Syndrom gar nicht erscheint. Die Kinder sind lebhaft, interessiert, aktiv und entwickeln sich normal"* (PIKLER, 1988, S.19). PIKLER beschränkte ihre Arbeit im Lóczy jedoch nicht auf die sorgfältige Auswahl und Anleitung der Pflegerinnen und die Einrichtungsleitung. Ihre praktische Arbeit stellte sie über die Jahre auf die Basis zahlreicher wissenschaftlicher Untersuchungen. Mit ihrem Buch *„Laßt mir Zeit. Die selbständige Bewegungsentwicklung des Kindes bis zum freien Gehen"* (PIKLER 1988), das aus Teilen ihrer Habilitationsschrift von 1969 und später folgenden Untersuchungen zur Bewegungsentwicklung besteht, wollte sie die von ihr in der Literatur entdeckte Lücke zur selbstständigen Bewegungsentwicklung füllen (ebd. S.20). Mit kurzen, jeweils sehr präzise formulierten Beschreibungen schuf sie mit diesem Werk eine einheitliche Nomenklatur der Bewegungsentwicklung (CZIMMEK 2007, www.we-ev.de am 29.12.2007).

Das Lóczy bot PIKLER die Möglichkeit, regelmäßige Beobachtungen durchzuführen, kontinuierlich zu dokumentieren und systematisch Ergebnisse aufzuarbeiten. Auf diese Art und Weise gelang es ihr und den Mitarbeitern, die Unausweichlichkeit des Hospitalismus zu widerlegen und den Heimkindern eine positive Entwicklung zu ermöglichen. Ihre Erfolge wurden zwischen 1968 und 1970 in einer von der WELTGESUNDHEITSORGANISATION (WHO) finanzierten und beauftragten Nachuntersuchung von ehemaligen „Lóczy-Kindern" bestätigt (www.we-ev.de am 29.12.2007). Bis 1979 führte PIKLER ihre Arbeit im Lóczy fort. Auch nach ihrer Pensionierung stand die Bewegungsentwicklung von Säuglingen weiterhin im

Mittelpunkt ihres Interesses. In ihren letzten Lebensjahren erhielt PIKLER für ihre Arbeit auch im Ausland immer mehr Anerkennung. In Deutschland, Österreich und den USA wurden PIKLER-Gesellschaften gegründet, deren Ziel es immer noch ist, ihre Ideen zu verbreiten. Im Altern von 82 Jahren starb EMMI PIKLER „[…] *mitten aus dem Schaffen heraus, nach kurzer, schwerer Krankheit.*" (PIKLER 1988, S. 242).

5.6.2 Das Lóczy

1946 wurde in der Lóczy-Straße in Budapest in einer Villa mit einem großen Garten ein Säuglingsheim unter der Leitung der Kinderärztin EMMI PIKLER gegründet. Aufgenommen werden sollten vor allem Säuglinge, deren Mütter an Tuberkulose erkrankt, im Wochenbett verstorben waren, oder die aus anderen Gründen nicht von ihren Familien erzogen werden konnten (PIKLER 1988, S.23).

PIKLER hatte sich für ihre Arbeit mit den Säuglingen im Lóczy ehrgeizige Ziele gesetzt. Sie wollte beweisen, dass auch in Einrichtungen solche Bedingungen geschaffen werden können, dass Kleinstkinder sich körperlich und psychisch gesund entwickeln können und nicht durch den Aufenthalt im Kinderheim an Hospitalismus erkranken müssen. Die Arbeit im Säuglingsheim begriff PIKLER als Chance, ihre Prinzipien und ihre Erziehungsweise, die sie in ihrer Arbeit als Kinderärztin mit Familien und in der Erziehung ihrer Tochter bereits erprobt hatte, unter kontrollierbaren Bedingungen konsequent anwenden, auswerten und reflektieren zu können. Sie konnte wissenschaftliche Forschung betreiben, ohne in das alltägliche Leben der Kinder auf unnatürliche Art eingreifen zu müssen (vgl. FALK 2005, S. 22).

Die äußeren Umstände für die Arbeit im Lóczy waren geprägt von der allgemeinen Knappheit der Nachkriegsjahre. 35 Kleinstkinder im Alter von wenigen Tagen und Wochen bis maximal drei Jahren wurden zu Beginn aufgenommen. Auf eine Pflegerin kamen in der Anfangszeit neun Kinder. Wie konnten unter diesen Rahmenbedingungen, die sich nicht von denen anderer Heim unterschieden, PIKLERS Ziele erreicht werden?

Zunächst arbeiteten im Lóczy ausgebildete Pflegerinnen. Doch deren Verwurzelung in alten Traditionen der Kinderpflege und Erziehung stellte sich als problematisch für die Umsetzung von PIKLERS Ideen dar. Es war damals zum Beispiel noch üblich, Säuglinge einige Monate in Wickelkissen oder in enge Wiegen zu legen, auch die damalige Wickeltechnik, bei der die Beine fixiert wurden, schränkte die Bewegungsfreiheit des Kindes vehement ein. Die Pflege wurde schnell erledigt, um anschließend Zeit für das Üben von Sitzen und Gehen zu haben (FALK 2005, S.19). MARIA REINITZ, Mitgründerin des Lóczy, erinnert sich: „*Die Betreuerinnen waren der für sie ungewohnten Arbeitsweise abgeneigt […]. Die Arbeit ist nicht zuviel, aber es fällt ihnen gar nicht ein, etwas genau und aufmerksam auszuführen. Nicht versorgen oder pflegen tun sie die Kinder, sondern „abwaschen", „absäubern", „abfüttern" – so schnell wie möglich mit so wenigen Bewegungen wie möglich und, wenn es geht, lassen sie auch das von Ammen oder anderen Hilfspersonen machen und kümmern sich um die*

Wäsche" (vgl. CZIMMEK 1999, S.49f). Nach drei Monaten wurden die alten Pflegerinnen entlassen, da sie nicht bereit waren, sich von ihren Routinen zu lösen. An ihrer Stelle wurden unausgebildete junge Frauen mit Interesse für Säuglingspflege eingestellt. Diese neuen Pflegerinnen lehrte PIKLER die Kinder „[…] *behutsam und sanft zu pflegen, so daß auch das jüngste Kind sich dabei wohlfühlte"* (FALK 2005, S.23). Im Rahmen ihrer Ausbildung erhielten die Pflegerinnen eine inhaltliche Anleitung in allen Bereichen der Pflege. Wert legte PIKLER dabei auf die Ausführung von sanften, „taktvollen" Bewegungen und sie schärfte die Sinne ihrer Schülerinnen für die Reaktionen der Säuglinge auf ihr Sprechen und ihre Tätigkeiten (ebd. S.23). Die Pflegerinnen lernten, die Kinder weder unter Zwang noch gegen ihren Widerstand zu versorgen, sondern mit ihnen zu kooperieren. Die Pflege sollte nie routinemäßig und mechanisch durchgeführt werden, sondern jedes Kind seinem Entwicklungsstand gemäß in die Pflegehandlung einbezogen werden (HEVESI in PIKLER 2005, S.68). Beim Baden, Wickeln, Anziehen oder Füttern sollte jedes Kind die ungeteilte Aufmerksamkeit seiner Pflegerin erhalten (siehe dazu Kapitel 5.6.3). Die dabei von der Pflegerin geforderte Kooperation mit dem Kind bildet in PIKLERS Theorie die Grundlage für den guten Kontakt zwischen Erwachsenem und Kind, der für eine gesunde und positive Persönlichkeitsentwicklung nötig ist (PIKLER in PIKLER 2005, S.44; ausführlich beschrieben in Kapitel 5.6.3). Neben der zwischenmenschlichen Beziehung schrieb PIKLER der Gestaltung der räumlichen Umgebung große Bedeutung zu: „*Umgebung bedeutet für das Kind alles, worauf es mit seinen ihm zur Verfügung stehenden Mitteln wirken kann, um seine Bedürfnisse zu befriedigen. Unter Umgebung, auf die sich seine Aktivität richtet, sind gleichzeitig die stimulierenden Elemente zu verstehen, die seine Handlungen bestimmen"* (PIKLER 2005, S.40). Ebenso wie PIKLER in der Pflege jedes Detail als beachtungs- und planungswürdig ansah, plante und organisierte sie die Räumlichkeiten des Lóczy. Den unterschiedlichen entwicklungsbedingten Bedürfnissen der Kleinstkinder entsprechend entwickelten PIKLER und ihre Mitarbeiter verschiedene Möbelstücke wie das Essbänkchen, die Spielgitter oder einen speziellen Wickeltisch (ausführlich beschrieben in Kapitel 5.6.3.3; siehe auf Fotos im 8.3). Bei der Auswahl der Einrichtungsgegenstände stand immer die Maxime im Vordergrund, dass sie die Entwicklung der „echten Zusammenarbeit" erleichtern sollten und jedem Kind etwas mehr Platz zur Verfügung stehen sollte, als es ausnutzen konnte (PIKLER 1982, S.41).

Von Beginn an wurde im Lóczy die Pflege, Erziehung und Entwicklung dokumentiert und als unterstützender Faktor der Praxis betrachtet. Unter der Trägerschaft des ungarischen Gesundheitsministeriums fand im Lóczy, das ab 1961 den Namen „Säuglingsheim für Methodik" , ab 1964 dann „Institut für Säuglings- und Kleinkinderpflege und Erziehungspflege" trug und heute PIKLER-INSTITUT heißt, ausgiebige wissenschaftliche Forschung und methodische Arbeit statt (FALK 2005, S.27). 1990 wurde die staatliche Einrichtung in eine öffentliche Stiftung umgewandelt und die wissenschaftliche Arbeit weiter fortgeführt. Neben PIKLERS Studien zur Bewegungsentwicklung publizierten Mitarbeiter des Instituts über 200 wissenschaftliche Artikel und Aufsätze und mehr als 1000 Bücher, Broschüren und Artikel zu gesundheitsfördernden und psychologisch-pädagogischen Themen für Eltern (ebd. S.27f). Über Fortbildungen für die Mitarbeiter anderer Heime wurde das Lóczy-Modell in andere ungarische Heime getragen und angewendet, auf diese Weise blieb es kein personengebundenes und damit einzigartig unwiederholbares Projekt. Obwohl laut FALK (2005, S.28f) keine Nachuntersuchungen in den anderen Heimen durchgeführt wurden, habe sich der Zustand der Kinder „für das Auge" deutlich sichtbar verbessert. Die Kinder wiesen keine Symptome von Hospitalismus mehr auf, sondern zeigten einen individuellen Gesichtsausdruck und seien von ihrer Aktivität und Heiterkeit nicht von in Familien aufwachsenden Kindern zu unterscheiden. Diese augenscheinlichen Ergebnisse wurden von einer in Auftrag der WHO durchgeführten Nachuntersuchung an 100 ehemaligen „Lóczy-Kindern" im Alter von 13 bis 23 Jahren bestätigt (www.pikler-hengstenberg.at am 29.12.2007).

Die im Lóczy angewendeten Methoden und dort erzielten Forschungsergebnisse bewirken, dass sich bis heute Pädagogen, Eltern und Wissenschaftler aus der ganzen Welt für das Budapester Säuglingsheim interessieren. Heute sind von den 32 zur Verfügung stehenden Plätzen sind etwa 20 besetzt, einige Kinder bleiben nur ein paar Wochen, andere mehrere Jahre. Gruppen von maximal acht Kindern werden von drei bis vier Pflegerinnen betreut. Die Leiterin ANNA TARDOS, PIKLERS Tochter und von Beruf Kinderpsychologin, erklärt: „Wenn die Mutter in regelmäßigem Kontakt zu ihren Kindern steht, ihnen aber kein Zuhause bieten kann, läuft es auf eine Pflegefamilie hinaus. Wenn kein Kontakt und keine Hoffnung mehr besteht, suchen wir eine Adoptivfamilie" (vgl. Budapester Zeitung, Artikel vom 23.7.2007 unter www.budapester.hu am 29.12.2007). Zu den Aufgaben der Pflegerinnen gehört mit dieser Vorgehensweise daher auch die Vorbereitung auf einen erneuten Abschied, die Gestaltung des Übergangs.

Trotz der wissenschaftlichen Anerkennung in aller Welt hat das Säuglingsheim, das sich seit 1990 in der Trägerschaft der PIKLER-Lóczy Gesellschaft für Kleinkinder befindet und das eine Einheit mit dem Institut und einem Ausbildungszentrum bildet, mit finanziellen Problemen zu kämpfen. Der jährliche Finanzbedarf liegt bei ca. 500.000 Euro. Der ungarische Staat deckt 32% des Budgets, das Institut erwirtschaftet durch Fortbildungen, Hospitationsmöglichkeiten und den Verkauf von Videos und Büchern etwa 8%. Die restlichen 60% der Einnahmen kommen von Sponsoren und Spenden aus dem In- und Ausland. (www.pikler-hengstenberg.at am 29.12.2007). TARDOS sagt dazu: „Das heißt, wir sind frei, aber arm. Wir leben von einem Monat zum nächsten, aber wir dürfen nicht aufgeben, immerhin tragen wir viel Verantwortung" (ebd.).

Die ungarische Politik der Kinderwohlfahrt hat sich verändert. Immer weniger Kinder werden in Notsituationen auf Dauer in Pflegeheimen untergebracht, vor allem Säuglinge werden immer seltener in stationäre Betreuung gegeben. In Anpassung an die sich verändernden Ansprüche wurde an das Lóczy eine Krippe angeschlossen. Die Nachfrage nach Tagesbetreuung in der Tradition PIKLERS ist so stark, dass es eine lange Warteliste gibt und die Eröffnung einer weiteren Gruppe für das Jahresende 2007 geplant war. Das Institut veranstaltet und betreut außerdem Eltern-Kind-Gruppen, in denen die Eltern in ihrem Erziehungsverhalten angeleitet und die Kinder in ihrer selbstständigen Bewegungsentwicklung beobachtet werden (www.aipl.org am 29.12.2007). Anlässlich des 60. Jahrestages hielt das Lóczy im April 2007 eine internationale Konferenz ab, auf der die Ideen PIKLERS und ihre vielfältigen Anwendungsbereiche im Bereich der Kleinkindpädagogik diskutiert wurden (www.aipl.org am 29.12.2007). In Zusammenarbeit mit internationalen PIKLER-Gesellschaften finden Fortbildungen und Vortragsreihen statt, die sich mit den aktuellen Themen der Kleinkindpädagogik beschäftigen. Vor dem Hintergrund des Krippenausbaus und der damit entfachten Diskussion über die nötige Qualität der Tagesbetreuung für Kleinstkinder gewinnen das Wissen und die Erfahrungen der Lóczy- Mitarbeiter an Bedeutung.

5.6.3   Grundsätze der Pikler-Arbeit

EMMI PIKLER verfolgte bei ihrer Arbeit als Kinderärztin und später im Lóczy feste Grundsätze, die GENEVIÈVE APPELL und MYRIAM DAVID in ihrem Buch „Lóczy – Mütterliche Betreuung ohne Mutter" (1995, S.29) wie folgt zusammenfassen:

- Die Autonomie des Kindes, die Eigeninitiative in seiner Entwicklung wird geachtet und seine selbstständigen Tätigkeiten werden z.B. durch die entsprechende Umgebungsgestaltung unterstützt.

- Dem Aufbau einer stabilen persönlichen Beziehung zwischen Kind und einer festen Bezugsperson und anderen wenigen Erwachsenen, wie der institutionelle Rahmen sie bedingen, wird besondere Bedeutung für die Persönlichkeitsentwicklung beigemessen.

- Jedes Kind soll sich als Person anerkannt und angenommen fühlen und seinem individuellen Entwicklungstempo gemäß ein Bewusstsein über sich und seine Umwelt entwickeln können.

- Durch die Förderung des Kindes zu einem optimal ausgeprägten körperlichen Wohlbefinden werden gleichzeitig die Grundlage und das Ergebnis der Anwendung der genannten Prinzipien geschaffen.

Alle vier Prinzipien, so APPEL & DAVID, sind von gleicher Wichtigkeit. Den Wert des angewandten Erziehungskonzeptes sehen sie in ihrer konstanten und gleichzeitigen Berücksichtigung (vgl. ebd. S.29).

Das Kind wird im Lóczy-Modell von Geburt an als teilnehmender Partner akzeptiert und die Aufgabe der Erwachsenen in der Unterstützung gesehen, auf die das Kind angewiesen ist, um sich und die Welt durch seine eigenen Erfahrungen kennen zu lernen (PIKLER 2005, S.44). Unterstützung benötigt das Kind in den Bereichen der Pflege, des Spiels und der Bewegung. Als Unterstützung werden jedoch nicht modifizierende Eingriffe in die Aktivitäten des Kindes angesehen. Vielmehr geht es nach PIKLER darum, den Fähigkeiten des Kindes und seinen selbstständigen Aktivitäten zu vertrauen und für seine Lernversuche eine unterstützende Umgebung zu gestalten. Wenn dies gelingt, so TARDOS, ist bereits ein Säugling zu mehr fähig als vorher angenommen (2005, S.137).

5.6.3.1   Pflege

Pflege nach EMMI PIKLER bedeutet, dass das jeweilige Kind die Pflegerin während der Zeit des Wickelns, Waschens, Essens oder Ankleidens exklusiv für sich in Anspruch nehmen kann. Das Hauptaugenmerk bei der Pflege liegt auf der Qualität des Zusammenseins, Faktoren wie Hygiene und Versorgung werden als selbstverständliche Nebeneffekte gewertet (CZIMMEK 1999, S.54). Die Pflege soll nicht schnellstmöglich abgehandelt werden, sondern in Zusammenarbeit mit dem Kind ausgeführt werden. JUDITH FALK, ehemalige Leiterin des Lóczy, (2005, S.53) schreibt dazu: *„Wenn nämlich der Erwachsene nur danach trachtet, das Baden, Wickeln und Füttern möglichst rasch zu erledigen, spürt das Kind nicht nur das physische Unbehagen der raschen Bewegungen, sondern auch, dass das Zusammensein keinen von beiden erfreut.“* Doch genau dieser Freude bei der Ausführung alles Alltäglichen messen die Pädagogen des Lóczy große Bedeutung bei. Laut PIKLER bevorzugen es die meisten Kleinkinder, wenn man gelassen und ruhig mit ihnen umgeht: *„Die allgemeine Erfahrung zeigt, daß in den Händen von Müttern, die mit umständlicher Langsamkeit sich bewegen, Säuglinge am friedlichsten und heitersten sind“* (dies. 1982, S.63). Mit dieser Einstellung wird der Überzeugung folge geleistet, dass bereits der Säugling ein empfindsames menschliches Wesen ist, dass Erfahrungen sammelt und viel von dem, was um ihn und mit ihm geschieht, versteht (PIKLER 2005, S.23). Mechanisch und routiniert ausgeführte Pflege *„produziert“* nach der Meinung MARIA VINCZES (2005, S.56) *„funktionierende Kinder“*, die zwar mithelfen, doch nicht aus Freude und eigenem Antrieb. Macht das Kind bei der Pflege jedoch die Erfahrung, dass der Erwachsene mit *„Augen, Worten und Händen“* auf seine Antworten wartet, seinen Blicken folgt und auf seine Laute achtete, spürt es, *„[…] daß die seine Körper berührende Hand eine fragende Hand ist, und kann auf die Frage mit Entspannung, dem Nachlassen und Lösen seiner Muskeln oder aber mit vermehrter Spannung, mit Widerstand reagieren“* (VINCZE 2005, S.55). Diese Art der Kommunikation ist grundlegend für die Kooperation zwischen Kind und Pflegendem. Einfluss auf die Kommunikation nimmt außerdem in bedeutendem Maße der Umgangston in der Umgebung. PIKLER fordert, von Anfang an ruhig, freundlich und verständlich mit dem Kind zu sprechen und ihm dabei mitzuteilen, was man von ihm an Mithilfe wünscht und was nun mit ihm geschieht (PIKLER 1982, S.65). Der behutsame Umgang mit dem Kind, ihm zu erzählen was man tut, während man es wäscht, anzieht oder füttert, und dabei seine Signale zu achten und auf sie einzugehen, bewirken, dass das Kind die Pflegevorgänge kennen lernt und sie für es *„[…] früher oder später* [zu] *angenehmen, genussreichen Momenten […]“* in seinem Leben werden (ebd. S.62). Vom Erwachsenen verlangt dies, wie MAGDA GERBER (in PIKLER 2005, S.149) es ausdrückt eine hohe *„Kunst des Zuschauens.“* Diese, laut GERBER, konzentrierte Arbeit ermöglicht es, mehr vom

Kind zu verstehen und sein Verhalten seltener falsch zu deuten. Durch die verbesserte Wahrnehmung des Kindes lernt die Pflegerin seine Persönlichkeit besser kennen. In der Botschaft „*Du bist mein Interesse und meine ganze Aufmerksamkeit wert*" sieht GERBER (ebd. S.149) die Möglichkeit zur Verbesserung der Qualität der Interaktionen. Der Erwachsene verlangt die Mitarbeit nicht vom Kind, er ermöglicht sie und ermutigt dazu (FALK 2005, S.50). Deswegen soll bereits der Säugling, auch wenn er noch nicht mir der kleinsten Geste mithelfen kann, die Pflege mit seiner gesamten Aufmerksamkeit verfolgen. Innerhalb der Pflegetätigkeit sind die Abläufe, Handlungen und Handgriffe so organisiert, dass sie immer in fester Reihenfolge wiederkehren. Das Kind lernt auf diese Weise den Verlauf der Pflegetätigkeit kennen und seiner Entwicklung entsprechend mitzuwirken. Mobiles oder anderes Spielzeug auf dem Wickelplatz würden ihn in seiner Aufmerksamkeit nur stören und den Beziehungsaufbau zwischen Kind und Pflegerin behindern (vgl. HEVESI 2005, S.68; siehe auch Kapitel 3.1.3). Die auf diese Art durchgeführte beziehungsvolle Pflege verlängert die Dauer der Pflege nicht, wie APPELL & DAVID beobachtet haben, da sie alle Momente ausschließt, in denen das Kind sich den Manipulationen des Erwachsenen widersetzt und seine Arbeit aufhält (vgl. dieselben 1995, S.47).

In der PIKLER-Arbeit wird die Körperpflege in Anlehnung an WINNICOTT als ein Teil des Vorgangs verstanden, bei dem das Kind seinen Körper kennen lernt. Die Pflege begünstigt die angeborenen Tendenzen des Kindes seinen Körper zu „bewohnen." Darüber hinaus kann das Kind dabei lernen, Freude an seinen körperlichen Funktionen zu finden und die von seiner Haut gebildete Grenze, die das „Ich vom Nicht-Ich" trennt, zu akzeptieren (WINNICOTT zit. nach FALK 2005, S.53). Alles was mit dem Körper geschieht, wie er berührt und angefasst wird, wirkt sich in diesem Verständnis auf die Persönlichkeit des Kindes, sein Selbstbild und Selbstwertgefühl in seinem ganzen weiteren Leben aus (ebd. S.52). PIKLER möchte dies jedoch nicht als Aufforderung verstanden wissen, das Kind zu verwöhnen. Sie fordert die Eltern und Erzieher auf, das Kind kennen zu lernen und es zu lieben: „*Der Säugling braucht sehr viel Liebe. Er muß fühlen, daß wir ihn sehr gern haben. Seien wir lieb zu ihm, lächeln wir mit ihm, reden wir mit ihm, gelegentlich spielen wir auch mit. Vor allem aber: Sorgen wir für ihn. Die Liebe, die Sorgfalt muß das Kind umgeben wie ein angenehmes, gleichmäßiges, warmes Bad[...].Um das verwirklichen zu können, müssen wir das Kind vor allem gut beobachten, wir müssen unsere Kinder gut kennenlernen*" (PIKLER 1982, S.57f).

In allen Phasen des Selbstständigwerdens stehen die Erwachsenen begleitend an der Seite des Kindes. Ausgeprägte Flexibilität und Behutsamkeit der Erwachsenen sollen dem Kind ermöglichen, sich weiterzuentwickeln, aber auch einen Schritt zurückzugehen, wenn es überfordert ist. In diesem Sinne erfolgt nach dem Lóczy-Modell auch die Heranführung an das selbstständige Essen. Um die Freude am Essen zu erhalten darf das Kind grundsätzlich selbst entscheiden, wie viel es essen und trinken möchte (VINCZE 2005b, S.71). Die im Zentrum aller Tätigkeiten stehende Freude fassen APPELL & DAVID mit den Worten: „*Gefüttert werden und dann selber essen muß eine Freude bleiben, sauber sein muß eine werden*" zusammen

(1995, S.43). Die Aufnahme der Mahlzeiten soll in ruhiger Atmosphäre geschehen. Gerade für Säuglinge, die noch aus der Flasche trinken[35], stellt die Nahrungsaufnahme eine intensive Erfahrung dar. Eng an den Körper der Pflegerin geschmiegt, erlebt er Ruhe, Geborgenheit, Intimität und Wärme (ebd. S.73). Für die Pflegerin ist es daher wichtig, diese Zeit in einer für sie bequemen Stellung zu verbringen, ein Stuhl mit Lehne und ein Fußbänkchen erleichtern das Halten des Kindes. Im Lóczy wird nach etwa vier bis sechs Wochen dem Kind die erste Mahlzeit aus dem Glas oder mit einem Löffel gereicht. Diese frühe Gewöhnung erleichtert später den Übergang von flüssiger zu festerer Nahrung. *„Bei der Einführung von Gemüse sind dem Kind dann Glas und Löffel schon vertraut und es hat nicht die doppelte Aufgabe, sich neben dem Geschmack und der Konsistenz des Gemüses auch noch mit dem Löffel anzufreunden"* (VINCZE 2005b, S.74). Die Gewöhnung an das Essen mit dem Löffel und das Trinken aus dem Glas erfordert von der Pflegerin Geduld und Beobachtungsgabe. Wenn auch nach unterschiedlichen Versuchen, etwa das Gemüse wärmer oder kühler anzubieten, es in der Konsistenz zu verdünnen oder den Geschmack zu verändern, deutlich wird, dass das Kind nicht die Nahrung sondern die Darreichungsform ablehnt, soll laut VINCZE wieder zur „[…] *gewohnten und geglückten Art des Fütterns* [zurück gekehrt werden], *statt das Neue unrichtig einzuüben.*" (ebd. S.76f.). Dieses Vorgehen ist APPELL & DAVID zufolge bezeichnend für das Lóczy-Modell: wenn eine Aufgabe zu schwer für ein Kind ist, wird es nicht gezwungen sie zu bewältigen. Der Erwachsene übernimmt sie aber auch nicht, sondern kehrt zu dem zurück, was das Kind alleine kann (APPELL & DAVID 1995, S.62). Sicheres selbstständiges Sitzen und Trinken aus dem Glas sind die Bedingungen, dafür, das das Kind nicht mehr auf dem Schoß gefüttert wird. Nun wird das Kind nicht in einen Hochstuhl gesetzt, sondern in das von PIKLER und ihrem Mitarbeiterinnen entwickelte „Lóczy-Essbänkchen." Im Gegensatz zu den gängigen Hochstühlen kann das Kind sich selbständig in das Bänkchen hineinsetzen. Das Essbänkchen ist so konstruiert, dass die Füße des Kindes beim Sitzen den Boden berühren können. Eine Lehne verhindert das Umfallen, wenn sich das Kind beim Trinken zurücklehnt. Der Tisch ist mit der Sitzbank fest verbunden, dessen Tischplatte der Körpergröße des Kindes angepasst ist und ihm eine aufrecht sitzende Haltung ermöglicht (VINCZE 2005b, S.79f; siehe Foto im Anhang 8.3). In diesem Essbänkchen nehmen die Kinder einzeln, in Begleitung ihrer Pflegerin, ihre Mahlzeiten ein. Gemeinsame Mahlzeiten nehmen Kinder im Lóczy erst ein, wenn sie selbstständig essen können, die Kinder mit Ablauf der Mahlzeiten vertraut sind und gewisse Regeln einhalten können (vgl. ebd. S.83). In dieser Weise sieht man die im Lóczy-Modell als bedeutend hervorgehobene Freude am Essen, nicht durch bloße Versorgung mit Nahrung, gewährleistet, diese Art der Pflege befriedigt die körperlichen und seelischen Bedürfnisse des Kindes.

---

[35] Dies gilt natürlich auch für Kinder, die gestillt werden.

5.6.3.2   Bewegung

Die Arbeit von EMMI PIKLER und ihren Mitarbeitern wird von der Überzeugung getragen, dass die Bewegungsentwicklung in den ersten Lebensjahren ihren natürlichen Gang nimmt und jedes Kind aus eigener Kraft die Grundelemente der Bewegung lernt (vgl. PIKLER 1982, S.23ff).

Bewegungsentwicklung wird von PIKLER als Bestandteil des komplexen Prozesses der Gesamtentwicklung gesehen (vgl. dies. 1988, S.21) und gewinnt besondere Bedeutung dadurch, dass ein großer Teil aller Aktivitäten im Säuglings- und Kleinkindalter die Entwicklung motorischer Fähigkeiten betreffen und eng mit der Entwicklung psychischer Funktionen wie der Ausbildung des Körperschemas und Orientierungsfähigkeit in der Umwelt verknüpft sind (ebd. S.21; siehe dazu auch Kapitel 3.1.3).

Erwachsene stehen den Kindern im Lóczy-Modell als unterstützende und den Lebensraum organisierende Bezugspersonen in ihrer Entwicklung zur Seite. Das ganze Leben des Kindes soll so eingerichtet sein, dass es vor möglichen Gefahren geschützt und in allen Situationen über völlige Bewegungsfreiheit verfügt. So wird etwa permanentes Tragen des Kindes in der vertikalen Lage, wie es mit Tragetüchern oder anderen Hilfsmitteln üblich ist, im Lóczy-Modell als *„künstliches Abhängigmachen"* vom Erwachsenen verurteilt (TARDOS 2005. S.141). Der Säugling, so PIKLER, wird durch das Tragen in aufrechter Haltung an eine vertikale Lage gewöhnt, die er ohne Hilfe von Erwachsenen noch nicht einnehmen kann. Häufig kann er in den Tragevorrichtungen die Umwelt nicht wahrnehmen, da er mit dem Gesicht zum Träger gehalten wird, und ist durch die Fixierung überdies zu unphysiologischer Passivität gezwungen (dies. 2005, S.32ff). Als Ausdruck des Respekts der kindlichen Autonomie darf das Kind außerdem nie getragen werden, um dem Erwachsenen Freude zu bereiten. Trägt der Erwachsene den Säugling, so soll er laut PIKLER, den ganzen Rumpf und Kopf stützen, bis das Kind sich von alleine aufrichten kann. Im Vordergrund muss für PIKLER, auch bei ganz jungen Säuglingen stehen, dass das Kind nicht als „Spielzeug" oder „Puppe", sondern als menschliches Wesen zu sehen und achten ist: *„Im Kind, auch schon im Säugling- besteht ein von Natur aus unversiegbares und immer zunehmendes Interesse für die Welt und sich selbst"* (vgl. dies. 1982, S.52). Das bedeutet für den Erwachsenen, das Kind nicht zu amüsieren und zu animieren. Die Sicherheit, die das Kind in der Beziehung zum Erwachsenen erfährt, befähigen es zum selbstständigen Handeln und Lernen. Die eigenständige Bewegungsaktivität des Kindes muss der Erwachsene nicht durch Ansporn oder Anleitung vorantreiben. Jedes Kind entwickelt seine Bewegungen in seinem individuellen Tempo und jede Einzelheit dieser Entwicklung bereitet ihm Freude: *„Der Säugling - läßt man ihn in Frieden - erlernt das Drehen, sich Rollen, das Kriechen auf dem Bauch, auf allen vieren, das Stehen, Sitzen und Gehen nicht mühevoll unter Zwang, sondern aus eigenem Ansporn selbstständig, freudig und mit Stolz auf seine Leistungen"* (PIKLER 1982, S.34). Gewährleistet der Erwachsene dem Kind durch gute Versorgung, dass es ohne Unterbrechung tun kann, was seinem momentanen Interesse entspricht, fördert er damit die Eigenaktivität des Kindes und begüns-tigt den Ausbau einer langen Aufmerksamkeitsspanne (GERBER 2005, S.151). Wird das Kind aufgesetzt, bevor es dies selber tun kann, wird es an die Hand genommen und zum Laufen gebracht, bevor es dazu aus eigenem Können in der Lage ist, nimmt man ihm die Möglichkeit, diese Bewegungen selbstständig und „viel besser zu lernen" (vgl. PIKLER 2005, S.41). Das Kind muss nach der Überzeugung PIKLERS nicht zum Sitzen, Stehen und Gehen angeregt werden, diese „Hilfe" beschleunigt auch die Bewegungsentwicklung des Kindes nicht (vgl. FALK 2005a, S.19f). Anstatt das Kind aufzusetzen und an die Hand zu nehmen, soll der Erwachsene abwarten und das Kind seine Schwierigkeiten selber lösen lassen. Gelingt dies, lernt das Kind nicht nur das Sitzen oder Laufen, sondern auch das Lernen (GERBER 2005, S.152). Indem der Erwachsen dem Kind, wenn es nötig ist, minimal Hilfestellungen gibt, um aus einer Situation herauszukommen, vermittelt er dem Kind, dass er Vertrauen in dessen Fähigkeiten hat und stärkt damit die Freude an der eigenen Handlung und Leistung (ebd. S.152). Erlebt das Kind durch sein selbstständiges Handeln seine Kompetenz, führt es Bewe-gungen nicht aus, um den Erwachsenen zu freuen, sondern aus Freude an sich selbst. Vom Erwachsenen wird in diesem Sinn erwartet, die Art und Weise der Entwicklung auch dann zu schätzen, wenn ein Kind noch nicht so weit in seinem Können ist, wie es seinen Erwartungen entspricht (PIKLER 2005, S.44). Die Geduld, die dies vom Erwachsenen verlangt, lässt die folgende Beschreibung des Übergangs vom freien Stehen zu ersten Gehversuchen erahnen: „Vom Sich-Aufstellen bis zum Stehen ohne Stütze und bis zum freien Gehen dauert es in der Regel ungefähr 4-6 Monate. Diese Zeitspanne benötigen sie, um fähig zu werden, ihr Körper-gewicht stabil auf die beiden Sohlen zu übertragen. Das freie Aufstehen und das freie Gehen folgen ineinander. Freilich spielen die Kinder inzwischen während der ganzen Zeit – wenn sie nicht eben das Stehen versuchen – kriechend, auf dem Bauch liegend oder sitzen" (PIKLER 1982, S.32).

Für die Praxis bedeutet dies, den Säugling immer auf den Rücken zu legen, bis er sich selbst in eine andere Position bringen kann. In die Bauchlage kommt das Kind nur für kurze Zeit beim Abtrocknen oder für ärztliche Untersuchungen. Ebenso soll das Kind nie aufgesetzt werden, bevor es dies nicht selbstständig tut. Mit dem Aufstellen und an der Hand führen verhält es sich genauso. Dies bedeutet jedoch nicht, dass das Kind auf sich gestellt ist. Die aufmerksame Pflegerin begleitet es durch ihre Anwesenheit, tröstet es, wenn es weint, gibt dem Kind Nähe, wenn es danach verlangt und teilt seine Freude über neue Bewegungen (vgl. PIKLER 1988, S.26f). Auf diese Weise erkennt der Erwachsene die Bedeutung und der Wert der alltäglichen Bewegungen des Kleinstkindes an und überwindet die konventionelle Fixie-rung auf Bewegungsformen bei Kindern, die für das spätere Leben von Bedeutung sind (ebd. S.28). Das Kind erhält so im Sinne PIKLERS die Möglichkeit, „sich schön, harmonisch zu bewegen" und sich körperlich und psychisch gesund zu entwickeln (dies.1982, S.22).

5.6.3.3   Gestaltung der Umgebung

In dem Bewusstsein, dass die Umgebung, die sachliche wie die personelle, die Entwicklungsprozesse des Kindes beeinflussen (vgl. Kapitel 4.2), wird deren Gestaltung im Lóczy-Modell
große Bedeutung beigemessen: *„Umgebung bedeutet für das Kind alles worauf es mit seinen
ihm zur Verfügung stehenden Mitteln wirken kann, um seine Bedürfnisse zu befriedigen"* (PIKLER 2005, S.40). Die interpersonale Kommunikation auf die Kooperation mit dem
Kind ausgerichtet sein. Auf diese Weise erfährt das Kind von seiner personellen Umgebung
die Sicherheit und Geborgenheit, die es für seine selbsttätige Entwicklung benötigt.

Auch die Gestaltung der sachlichen Umwelt wird im Lóczy-Modell bis ins Detail auf ihre
Wirkungen hin reflektiert, geplant und an den Entwicklungsstand des einzelnen Kindes
angepasst. Bei der Auswahl der Kinderkleidung wird darauf geachtet, dass die Bewegungen
bereits bei Neugeborenen nicht behindert werden (vgl. PIKLER 1988,S.28). Die Wahl der
Kleidung ist immer darauf ausgelegt, dass das Kind seine natürliche Beweglichkeit ausüben
kann. Schuhe mit festen Sohlen sollen Kinder nach dem Lóczy-Modell erst dann bekommen,
wenn sie sicher laufen können und nur dann tragen, wenn sie spazieren gehen oder die Witte-
rung es erfordert (ebd. S.29).

Zu wenig Platz, so PIKLER, hindert das Kind in seiner Entwicklung ebenso wie das Betten auf
weichen Unterlagen, die unter dem Kind einsinken und seinen Körper fast wie in einem
Gipsbett fixieren (vgl. dies. 1982, S.37). Für das Neugeborene empfiehlt die Kinderärztin
einen Korb mit harter Matratze, der dem Kind in der ersten Orientierungsphase Ruhe und
Geborgenheit bietet. Beginnt das Kind sich zu drehen, sieht PIKLER den Zeitpunkt gekommen,
es tagsüber in das Laufgitter zu legen. Dort steht ihm etwas mehr Platz zur Verfügung, als es
ausnutzen kann, es kann sich auf dem harten Boden gut bewegen und sein Spielzeug zwischen
den Stangen herausholen: *„Ein gutes Laufgitter ist eine quadratische Umzäunung von 1,20 x
1,20m. Es ist von Vorteil, wenn es einen etwas erhöhten Boden hat (so ist es stabiler und
wärmer)"* (ebd. S.39). Außerdem bietet das Laufgitter dem Kind die Gelegenheit seine Vor-
sicht zu trainieren. Wenn es sich beim Drehen an den Gittern den Kopf stößt, lernt es instink-
tiv sich zu schützen und den Kopf beim Fallen zwischen die Schultern zu ziehen, trotzdem
bleibt es natürlich die Aufgabe des unterstützenden und organisierenden Erwachsenen, Kinder
vor größeren Gefahren zu schützen. Nimmt man den Kindern diese Möglichkeit des Selbst-
Erfahrens von kleinere Gefahren durch das Auspolstern des Laufgitters, so PIKLER, „[...]
*setzen wir sie künftigen, viel größeren Gefahren aus: wir können sie doch nicht während ihres
ganzen Lebens mit Polstern umgeben und ohne zu fallen ist noch niemand aufgewach-
sen"* (dies. 1982, S.40). Die Möglichkeiten des Kleinstkindes mit sich und seiner Umgebung
aktiv zu sein, muss an den individuellen Entwicklungsphasen orientiert sein, der Raum in dem
sich das Kind bewegt soll „mitwachsen" (vgl. APPELL & DAVID 1995, S.66). Beginnt es, sich
zu rollen, auf dem Bauch zu kriechen und zu krabbeln, soll es sich auf einer größeren Fläche,
etwa einem durch ein Gitter abgetrennten Teil des Zimmers oder einen eingegrenzten Bereich

im Garten bewegen können. Das Gitter soll das Kind dabei nicht in seiner Bewegungsfreiheit einzäunen, sondern ihm genau soviel Raum zur Verfügung stellen, wie es braucht um nicht beunruhigt oder überfordert zu sein (vgl. PIKLER 1988, S.30). Im Spielgitter, dass nach Möglichkeit auch im Garten zur Verfügung steht, um Kindern soviel wie möglich an die frische Luft zu bringen (vgl. APELL & DAVID 1995, S.35), können sie ihren Platz wechseln und anderen Kindern begegnen, ohne sich im Weg zu sein. Auf diese Weise werden Kontakte gefördert, ohne dass das einzelne Kind für andere eine Bedrohung darstellt (ebd. S.66). Wenn das Kind laufen gelernt hat und sich im ganzen Haus frei bewegen kann und soll, weist PIKLER darauf hin, von Beginn an verbindliche Regeln aufzustellen: *„Von Anfang an müssen wir entscheiden, was wir erlauben wollen und was nicht, die Grenzen für das Kind setzten. Falls wir die Grenzen nicht zu eng setzen und geduldig aber konsequent bleiben, wird das Kind früher oder später erkennen, lernen und akzeptieren was tabu ist"* (dies.1982, S.120). Die Umgebung soll in diesem Sinn nicht an das Kind angepasst werden, indem etwa alle Wertgegenstände außer Reichweite gebracht werden oder der Ofen nicht mehr beheizt wird. PIKLER vertraut darauf, dass das Kind in seinem Handeln und seinen Bewegungen geschickter wird und durch eigene Erfahrungen lernt, mit sich und seiner Umgebung in einer Art umzugehen, dass es sich und seiner Umwelt keinen Schaden zufügt (ebd. S.120f).

Um die Bewegungsentwicklung von Kleinstkindern in den täglich wiederkehrenden Tätigkeiten der Pflege zu fördern haben sich im Lóczy einige Einrichtungsgegenstände als hilfreich erwiesen. Neben dem Essbänkchen schlägt VINCZE die Verwendung eines Wickeltisches, eines Umkleidetisches und eines Bodenkissens in Abhängigkeit von Alter und Grad der Bewegungsentwicklung vor (dies. 2005a, S.59ff). Der Wickeltisch soll dem Kind genug Platz bieten, darauf zu liegen, ohne dass seine Füße herunterhängen. Drei Seiten des Tisches sollten durch ein seitliches, etwa 15 cm hohes Gitter eingefasst sein und das herumrollende Kind vor dem Herunterfallen schützen. Auf diese Weise kann das Kind sich auch während des Wickelns, Waschens und Anziehens frei und sicher bewegen (vgl. ebd. S.60; siehe Foto im Anhang 8.3). Für Kinder die sich bereits aufstellen, erscheint der Umkleidetisch geeigneter als der Wickeltisch. Mit einer Höhe von etwa 60cm und einer Breite von 75x70 cm bietet der Umkleidetisch dem Kind keinen Platz mehr sich hinzulegen, es kann darauf stehen, ohne dass die Pflegerin sich unnatürlich strecken muss, um ihm ins Gesicht zu schauen und mit ihm zu sprechen. Gitter an den Seiten, in einer Höhe, in der das Kind sich daran festhalten kann, bieten Sicherheit und Halt (vgl. VINCZE 2005a, S.62f). Für Zweieinhalb- bis dreijährige Kinder, die sich schon schnell und sicher hinsetzen und aufstellen können, beim Ankleiden jedoch noch Hilfe in Anspruch nehmen, sieht VINCZE ein Bodenkissen als optimalen Ort für das An- und Ausziehen. *„Das Kind zieht sich auf dem Kissen sitzend oder stehend an oder aus – es befindet sich also nicht mit nacktem Po oder barfuß auf dem Boden"* (ebd. S.64), der symbolische Ort des Kissens weckt außerdem den Ordnungssinn des Kindes. Das Miteinander zwischen Kind und Pflegerin wird bewahrt, indem sie ihm beim Anziehen hilft und dabei mit ihm „plaudert".

Wie auch die Montessori-Pädagogik sieht das Lóczy-Modell Kindermöbel vor, die der Körpergröße und der Entwicklung der Kinder angepasst sind (vgl. Kapitel 5.1). Haben die Kinder das Essen und Trinken im Essbänkchen gelernt, nehmen sie ihre Mahlzeiten gemeinsam ein. Dafür sollen kleine Tische für vier Personen bereitgestellt werden. Als Sitzgelegenheiten werden Sitzwürfel oder Schemel empfohlen, auf denen Kinder so sitzen können, dass ihre Füße auf dem Boden ruhen und „[…] *der im Ellbogen leicht geneigte Unterarm auf der Tischplatte aufliegen kann*" (vgl. VINCZE 2005b, S.84).

Ältere, gut laufende Kinder sollen in regelmäßigen Abständen die Grenzen der Einrichtung überwinden. Dies kann durch Spaziergänge in die direkte Umgebung und Ausflüge zu weiter entfernten Zielen wie etwa dem Zoo, Schwimmbad usw. geschehen. Auf diese Weise werden in alltäglichen Situationen (siehe dazu auch Kapitel 5.4) der Horizont der Kinder und auch ihre sozialen Beziehungen erweitert (vgl. APPELL & DAVID 1995, S.95). Strecke, Ausmaß und Ziel der Unternehmung soll dabei immer an den Fähigkeiten des einzelnen Kindes orientiert sein, das Entdecken der Umwelt hat einen größeren Stellenwert als die zurückgelegte Strecke (ebd. S.99).

5.6.3.4   Spiel

„*Das Spielen, die Lust zum Spielen*", so PIKLER (1982, S.76), „*ist ebenso eine Veranlagung des Kindes wie z.B. die Bereitschaft sich zu bewegen.*" Die Spiel- und Bewegungsaktivität des Kindes soll uneingeschränkt möglich sein um nicht ersetzbare Möglichkeiten des Lernens für Kleinstkinder zu schaffen. Spielzeug wird bewusst, an den Bedürfnissen des Kindes orientiert, eingesetzt. Konsequent soll darauf verzichtet werden, dem Kind Spielsachen in die Hand zu geben oder über seinem Kopf zu befestigen (vgl. PIKLER 1988, S.30). Damit würde der Erwachsene die eigenen Spielerfindungen des Kindes, die seinen Interessen und seiner geistigen Entwicklung entsprechen, übergehen. Der Erwachsene muss dem Kind nicht beibringen, wie es spielen kann, wie PIKLER am Beispiel des allgemein bekannten „Kuckuck-Spiels" erklärt: „*Der Säugling nimmt seine Hand vor die Augen, dann nimmt er sie weg und lacht, wenn er uns wieder erblickt. Er zieht ein Tuch oder eine Windel über die Augen und spielt so mit uns „Verstecken"* (dies. 1982, S.77). Dieses Spiel entdeckt das Kind alleine, ohne dass der Erwachsene es ihm vormachen muss. Kindliches Spiel unterscheidet sich von den Vorstellungen der Erwachsenen. Häufig beschäftigen Kinder sich auf eine Art und Weise, die für sie „Spielen" ist, die Erwachsene diese aber nicht als Spiel erkennen (vgl. ebd. S.79). Das Ergebnis des Spiels wird im Lóczy-Modell als nachrangig bewertet, solange dem Kind die Freude an der eigenständigen Entdeckung erhalten bleibt. Gespielt werden soll um des Spielens willen (vgl. Kapitel 3.3.2.4).

Wichtig sind Spielsachen, welche die Bewegungsfähigkeit und die manuellen Fähigkeiten fördern, als wichtig. So werden die Unebenheiten, Hänge, Treppen und Hindernisse, Gräser, Blumen, Blätter, Steine und Stöcke des Gartens als Spielmöglichkeiten verstanden.

Gebrauchsgegenstände wie Schüsseln, Eimer, Besen u.ä. gelten als ebenso bedeutend für die Entfaltung der kindlichen Interessen wie gängiges Spielzeug (Bälle, Bauklötze, Puppe) (vgl. APPELL & DAVID 1995, S.67). Nach dem Motto „Nicht zuviel, nicht zu wenig" sollen die Erwachsenen den Kindern das Spielzeug zur Verfügung stellen. Zwei Beispiele aus dem Lóczy: *„Eines der unterhaltsamsten Spielgitter für den Beobachter ist das 4-8 Monate alten Kinder. Hier finden sich unterschiedlichsten Gegenstände: es gibt noch die farbigen Tüchlein und den Ball aus Weidengeflecht, aber ein oder zwei große Spielbälle sind da, Schälchen und Körbe aus buntem Plastikmaterial, ein Gummireifen, Metallbecher, Plastikförmchen und einige Spielsachen in der Art von Kinderklappern"* und *„Das Spielmaterial gleicht dem der vorigen Gruppe. Es finden sich noch mehr große Plastikschüsseln, die endlos mit Händen und Füßen herumjongliert werden sowie ein großes, rundes Kissen, das die Jüngsten mit alpinistischem Ehrgeiz erklettern. Manchmal wird auch ein Podest in der Höhe einer niedrigen Stufe aufgestellt und große Holzwürfel, teils geschlossen, teils hohl, durch die die Kinder krabbeln und sich schlängeln oder daran festhalten"* (aus: APPELL & DAVID 1995, S.75ff).

Die Entscheidung, welche Auswahl die Erwachsenen bei der Spielzeugauswahl treffen, erfolgt auf der Basis ihrer Beobachtungen und natürlich dem Entwicklungsstand der Kinder (ebd. S.68). Erwachsene sollen darüber hinaus nicht aktiv in das Spielgeschehen eingreifen. Wenn ein Kind zum Mitspielen auffordert, beschränkt der Erwachsene sich, die Eigeninitiative des Kindes zu unterstützen und zieht sich dann wieder zurück (vgl. ebd. S.90).

5.6.4 Umsetzung der Pikler-Pädagogik am Beispiel der Städtischen Kindertagesstätte Gleiwitzer Straße in Mainz

Die Städtische Kinderkrippe Gleiwitzer Straße in Mainz arbeitet seit 15 Jahren nach der Pikler-Pädagogik. Vier Gruppen bieten insgesamt 40 Ganztagesplätze für Kinder zwischen acht Wochen und drei Jahren. In der Babygruppe werden acht Kleinstkinder zwischen acht Wochen und 18 Monaten von Pflegerinnen, in zwei anderen Gruppen elf Kinder zwischen 18 Monaten und drei Jahren und in einer weiteren Gruppe zehn Kinder im selben Alter von ebenfalls zwei Erzieherinnen betreut.

Die Gruppeneinteilung, so HEIDI WETTICH, Leiterin der Kinderkrippe im Gespräch, entspricht der Überzeugung PIKLERS, dass Kleinstkinder in altershomogenen Gruppen nicht durch das Können älterer Kinder von ihren eigenen Entwicklungsschritten abgelenkt werden. Erst mit etwa drei Jahren sieht WETTICH daher altersheterogene Gruppen als sinnvoll an, da sie zu diesem Zeitpunkt die natürliche Neugierde der Kinder befriedigen und sie nicht überfordert werden (vgl. Gesprächsprotokoll im Anhang 8.2).

Jeder Gruppe steht eine Einheit mit eigenem Ankommbereich, Gruppenraum, Schlafraum und Bad zur Verfügung. Die Gruppen im Erdgeschoss verfügen außerdem über einen direkten Zugang zum großzügigen Außengelände. Der Außenbereich der Babygruppe ist mit einem Geländer in der Größe einer durchschnittlichen Terrasse abgegrenzt. Die Gruppenräume sind alle nach dem Prinzip PIKLERS, dem Kind immer etwas mehr Platz zur Verfügung zu stellen, als es tatsächlich ausnutzen kann, eingerichtet.

WETTICH nennt als die vier Prinzipien, auf denen die Arbeit in der Kinderkrippe Gleiwitzer Straße aufbaut, die Achtung vor dem Kind, beziehungsvolle Pflege, freies Spiel und autonome Bewegungsentwicklung (vgl. ebd.). Wie diese Prinzipien in der alltäglichen Praxis umgesetzt werden, beschreibe ich nun anhand meiner Beobachtungen im „Sternenzimmer" – dem Babyzimmer:

An diesem Tag werden drei Kinder im Sternenzimmer betreut, Katja 15 Monate, Daniel 18 Monate und Eva 14 Monate.

Als ich in das Zimmer geführt werde, schläft Eva in ihrem Bett auf der Terrasse, Katja ist gerade aufgewacht und Daniel wurde noch nicht gebracht. Mit einem Schneeanzug und einer Mütze bekleidet steht Katja in ihrem Gitterbett, das ebenfalls auf der Terrasse steht, und beobachtet die im Garten spielenden älteren Kinder. Nach etwa fünf Minuten wendet sie sich an Erzieherin Sandra, die sich im Gruppenraum befindet. Mit offenen Armen signalisiert Katja, dass sie nun ausgeschlafen ist und gerne reingeholt werden möchte. Sandra geht ruhig zu ihr und spricht mit dem Mädchen: „*Hallo Katja, bist du ausgeschlafen? Dann trage ich dich jetzt rein.*" Sie nimmt das Kind auf den Arm. Drinnen angekommen, stellt sie Katja auf den Pikler-Wickeltisch. Das Mädchen bemerkt mich auf dem Beobachterstuhl, den ich nun so positionieren darf, dass ich den Wickeltisch sehen kann. Kurz versteckt sie sich am Hals der Erzieherin. Sandra stellt mich vor: "*Das ist Katharina. Sie besucht uns heute.*" Katja lacht mich kurz an, wendet sich dann ihrer Erzieherin zu, die ankündigt: „*Ich ziehe dir jetzt den Schneeanzug aus. Hilfst du mir dabei?*" Das Mädchen antwortet: „*Dada.*", nimmt die Mütze vom Kopf und reicht sie Sandra. Mit ruhigen Worten ziehen die beiden nun gemeinsam den Anzug aus. Katja steht und hält sich am Seitengitter des Wickeltisches fest. Hin und wieder schaut sie nach mir, doch die Erzieherin lenkt die Aufmerksamkeit des Kindes mit ruhigen freundlichen Worten auf die gemeinsame Arbeit, das Ausziehen. Katja zeigt Sandra, wie sie selbstständig ihre Arme aus dem Anzug herauszieht. Dann hält sie der Erzieherin ihren linken Fuß hin. „*Ich helfe dir*", antwortet Sandra auf diese Geste und gemeinsam ziehen sie den Anzug aus. Katja möchte sich ihre warmen Fellschuhe mit dem knisternden Klettverschluss genauer anschauen und sagt: „*Nei Nei*", als Sandra sie in das Kleiderfach legen möchte. „*Okay, du kannst einen behalten. Du kannst ihn mit ins Spielgitter nehmen*" sagt Sandra und setzt Katja in das Spielgitter.

Das Spielgitter im Sternenzimmer nimmt 75% des Raumes ein. Es ist so aufgebaut, dass es in verschiedene Bereiche unterteilt werden kann. Der Hauptteil ist mit einem Bällebad, einer kleinen Matratze und einem Podest aus Holz ausgestattet. Durch Herunterklappen einer Schräge können die Kinder darüber am Fenster vorbei, aber auch auf die mit Gitterstäben und Holz gesicherte Fensterbank klettern oder durch ein ausgesägtes Loch auf eine Treppe mit drei Stufen gelangen, an deren Seite ihnen ein Geländer Halt bietet.

Nachdem Daniel von seiner Mutter und seiner Schwester gebracht wurde, öffnet Sandra die Schräge. Doch Katja und Daniel ignorieren dieses Angebot und lassen, begleitet von lautem Lachen und Gurren, etwa aprikosengroße Holzkugeln durch das Spielgitter rollen.

Während die Kinder spielen, bereitet die Erzieherin das Frühstück für Daniel vor. Dafür holt sie das Essbänkchen aus einer Ecke und legt auf einem Tisch mit Rollen alles bereit was sie braucht: ein kleines Glas, einen rutschfesten Untersetzer für Daniels Teller, einen Teller mit geschnittenen Apfelstücken, eine Flasche mit Wasser, eine mit Tee, eine Schüssel mit warmen Wasser, einen Waschlappen und ein Lätzchen. Nachdem alles bereit liegt, wendet sie sich an das Kind: *„Daniel schau mal, ich habe einen Apfel geschält. Möchtest du etwas essen?"* Er rutscht auf seinem Po in Sandras Richtung, streckt ihr die Hände entgegen und lacht. *„Ich setze dich jetzt in das Essbänkchen"* sagt die Erzieherin und setzt erst das Kind in das Bänkchen und dann sich gegenüber auf einen kleinen Hocker. Katja steht am Rand des Spielgitters und hält sich fest. Sie sieht, dass Daniel etwas zu essen bekommt und beklagt sich darüber. Sandra wendet sich ihr kurz zu: *„Erst bekommt Daniel etwas zu essen und dann bist du an der Reihe, Katja."* Das Mädchen bekundet laut ihren Unmut, beobachtet noch etwa fünf Minuten wie Daniel isst und spielt dann weiter.

Im Gespräch erzählt Sandra später, dass die Sternenzimmer-Erzieherinnen ein „Knabberbett" eingerichtet haben, in das allzu hungrige und ungeduldige Kinder gesetzt und mit einem Stück Reiswaffel solange beruhigt werden, bis sie mit Essen an der Reihe sind. Doch in der Regel, so versichert sie, warten die Kinder geduldig, da sie wissen, dass sie auch an die Reihe kommen und dann die ungeteilte Aufmerksamkeit der Erzieherin für sich in Anspruch nehmen können.

Dieser kleine Ausschnitt aus dem Alltag im Sternenzimmer illustriert, wie die Ideen PIKLERS auch in der Krippe umgesetzt werden können. Die Erzieherinnen der Kinderkrippe Gleiwitzer Straße haben dafür keine gesonderte Ausbildung, wie es etwa in Montessori- oder Waldorf-Einrichtungen üblich ist, absolviert. Anhand von Literatur haben sie sich in die Pikler-Pädagogik eingelesen und werden in der Krippe von ihren Kolleginnen eingearbeitet. *„Das Konzept"*, so WETTICH, *„stellt die Basis für die Arbeit mit den Kindern dar. In die achtende Haltung dem Kind gegenüber, müssen die Erzieherinnen hineinwachsen. Es ist eine Entwicklung"* (vgl. Gesprächsprotokoll im Anhang 8.2).

Besonders die Raumgestaltung unterscheidet die Kinderkrippe Gleiwitzer Straße von Regeleinrichtungen. Neben den Wickeltischen, Ankleidetischen und Essbänkchen sind die Räume so angelegt, dass den Kindern möglichst viele Bewegungsmöglichkeiten offen stehen. Die Hocker, auf denen die sicher sitzenden Kinder an den sechseckigen Tischen zum Essen zusammenkommen, dienen umgedreht als Puppenbett, Schiff oder Baumaterial für die Spiele der Kinder. In allen Gruppenräumen sind Einbauten aus Holz, die dem Raum mehrere Ebenen geben. Holzgitter an den Fenstern ermöglichen Sicherheit und Halt, wenn die Kinder hinaus schauen wollen und auch in den Gruppenräumen der älteren Kinder sind Spielgitter zu finden, die dazu dienen, Überschaubarkeit für die Kinder herzustellen. In offenen Regalen ist in allen Gruppenräumen das Spielzeug untergebracht. Dabei handelt es sich vor allem um Dinge, die keinen bestimmten Zweck erfüllen, sondern im Spiel der Kinder immer wieder eine neue Bedeutung bekommen können: leere Plastikdosen mit Deckel, leere Plastikflaschen, mit eingefärbtem Wasser gefüllte Plastikflaschen, kleinere und größere Plastikkörbe und Plastik- und Holzkugeln in unterschiedlichen Größen. Im Sternenzimmer finden sich außerdem zwei Kugelbahnen mit großen Kugeln, zwei Schiebautos aus Holz und einige unterschiedliche Holzgreiflinge. In den anderen Gruppen gibt es Bücherkörbe, einige Plastikschiffe und Malutensilien. Im Eingangsbereich hängt eine Korbschaukel und mit einem vierrädrigen Laufrad dürfen die Kinder im Flur fahren.

Alle Gruppenräume sind vor der eigentlichen Tür durch eine etwa 1,20 m hohe Gittertür aus Holz vom Flur abgetrennt, auch die Wirtschafträume und die Treppen in Keller und Obergeschoss sind auf diese Weise abgeschlossen. WETTICH betont, dass diese zusätzlichen Türen ebenso wie die Spielgitter, die Kinder nicht einschränken, sondern ihre Bewegungsräume überschaubar machen sollen. Je nach den Bedürfnissen der Kinder werden etwa die Türen an den Treppen geöffnet, so dass die Treppen auf- und abgeklettert oder das Treppe-Laufen geübt werden kann (ebd. im Anhang 8.2).

Bevor Kinder in die Kinderkrippe aufgenommen werden, finden ausführliche Gespräche mit den Eltern statt. Dabei werden diese mit den Prinzipien der Pikler-Pädagogik vertraut gemacht und die Eingewöhnung des Kindes nach dem Berliner Eingewöhnungsmodell des Instituts für angewandte Sozialisationsforschung (INFANS)[36] besprochen. Wenige Eltern, so WETTICH, übernehmen die Prinzipien im Umgang mit ihren Kindern, doch die Kinder können unterscheiden, wo sie sind und welche Regeln dort gelten, und passen sich dementsprechend in ihrem Verhalten an (ebd. im Anhang8.2)

5.7 Reggio-Pädagogik

Als Reggio-Pädagogik ist in Deutschland die seit Beginn der 1970er Jahren in den kommunalen Kindertagesstätten der norditalienischen Stadt Reggio Emilia konzipierte und praktizierte Kleinkindpädagogik bekannt. Sie ist nach der Montessori-Pädagogik (siehe Kapitel 5.1) das zweite in Italien entwickelte pädagogische Konzept, das international Einfluss auf die elementarpädagogische Theoriediskussion und Praxis gewonnen hat. KNAUF betont jedoch, dass die Reggio-Pädagogik weder von ihrer Entstehungsgeschichte und Theorieansichten her noch von deren praktischen Konsequenzen als Modernisierung oder Variante der Montessori-Pädagogik verstanden werden kann (ders. 2000 in FTHENAKIS & TEXTOR, S.181).

---

[36] Das INFANS hat auf aufbauend auf Kenntnissen über die negativen Auswirkungen eines schlecht gestalteten Übergang zwischen Familie und Krippe ein Eingewöhnungmodell entwickelt, dass eine behutsame und an den Reaktionen des Kindes orientierte Eingewöhnung vorsieht (vgl. www.infans.de/pdf/Eingewöhnung.pdf am 5.2.2008; siehe auch Kapitel 3.3.2 und Laewen, Hans-Joachim & Andres, Beate & Hédevári, Éva (2007). Ohne Eltern geht es nicht (4.Auflage). Berlin: Cornelsen

In den kommunalen Kindertagesstätten in Reggio Emilia wird Erziehungsarbeit als gemeinschaftlicher Prozess zwischen Kindern, Erziehern und Eltern verstanden. Diesem Verständnis liegt das Bild eines kompetent geborenen Kindes zugrunde, das seine Potentiale jedoch nur entfalten kann, wenn sich die Erwachsenen als Ressource für die kindliche Bildung verstehen und die nötigen Werkzeuge für eine aktive und eigenständige Welterkundung bereitstellen (vgl. LINGENAUBER 2007, S.14). Die nach der Stadt Reggio Emilia programmatisch benannte Reggio-Pädagogik ist vor allem aus dem lokalen, politischen und kulturellen Kontext ihrer schrittweisen Entwicklung zu verstehen (KNAUF 2000, S.181).

In diesem Kapitel wird zunächst die historische Entstehung der reggianischen Kleinkindpädagogik, da in dieser die grundlegenden Prinzipien der Reggio-Pädagogik begründet sind. Darauf folgen eine Darstellung der pädagogischen Grundsätze und deren Bedeutung für die pädagogische Praxis in Reggio Emilia. Am Beispiel des Casa Bambini in Kassel wird der Versuch einer deutschen Kindertagesstätte sich an den Ideen der Reggio-Pädagogik zu orientieren beschrieben.

5.7.1 Historische Entwicklung

Die Stadt Reggio Emilia liegt im Norden Italiens in der Poebene zwischen Bologna und Mailand und blickt auf ein „[...] *reiches Erbe gerade an demokratischer Kultur zurück*" (GÖHLICH in GÖHLICH (Hg.) 1997, S.185).

Ende des 19. Jahrhunderts entstanden in der Region erste Bestrebungen, die katastrophalen Lebens- und Arbeitsbedingungen wirtschaftlich und politisch zu verbessern und sich der Willkür der Großgrundbesitzer zu widersetzen (SOMMER 1999,S.9). In genossenschaftlichen Zusammenschlüssen fand eine sozialistische Bewegung ihren Anfang, die vor der faschistischen Machtübernahme auch den Bürgermeister von Reggio Emilia stellte. Während des Zweiten Weltkrieges entwickelte sich die sozialistische Bewegung im Untergrund zu einer starken Widerstandsbewegung, die Reggio Emilia von der deutschen Besatzung befreite. Auf der Tatsache, den Alliierten mit der Befreiung der Stadt zuvorgekommen zu sein, baut das politische Selbstbewusstsein und das Gemeinschaftsdenken der Reggianer auf (vgl. KRIEG in KRIEG 1993, S.10f). Besonders die Vororte von Reggio Emilia wurden durch die Angriffe der Alliierten aufgrund der ansässigen Waffen- und Flugzeugindustrie zerstört. In Villa Cella, einem solchen zerstörten Vorort, entdeckten die Bewohner im April 1945 bei Aufräumarbeiten einen Panzer. Dieser Panzer legte den finanziellen und ideologischen Grundstein für die Reggio-Pädagogik: Gemeinsam wurde diskutiert, für welche Zwecke der Erlös aus dem Verkauf der Panzerteile eingesetzt werden sollte. Mit den Worten „*Wir wollen eine Stätte für Kinder bauen. Die beste Antwort auf einen Krieg ist ein Kindergarten, in dem wir eine neue Generation und uns selbst erziehen*" setzten sich die Frauen mit ihrer Idee durch (vgl. DREIER 1999, S.17). Geprägt von den Erfahrungen der faschistischen Gewaltherrschaft stand im gemeinschaftlichen Aufbau des neuen Kindergartens immer die Frage „*Wohin wollen wir unsere Kinder erziehen?*" im Mittelpunkt der Diskussion (ebd. S.17). In dem Bewusstsein, dass eine demokratische Lebensführung nicht erst mit dem Erwachsenenalter beginnen darf, sondern dass schon bei Kindern die Grundlagen für ein demokratisches Verständnis als Investition für die Zukunft gelegt werden müssen, entstand der erste reggianische Kindergarten (KRIEG 1993, S.14). Auf Betreuung angewiesen waren vor allem Frauen, die auf den Reisfeldern der Lombardei den Lebensunterhalte für sich und ihre Kinder verdienen mussten (KNAUF 2000, S.182). Der Kindergarten „XXV Aprile" (der 25.April 1944 war der Tag der Befreiung) wurde nach nur acht Monaten Bauzeit eröffnet. Trotz eines Lebens in Trümmern und unzureichender Versorgung mit dem Lebensnotwendigen war es den Bewohnern von Villa Cella durch ihr tief verwurzeltes Gemeinschaftsdenken und Engagement gelungen, ein solch ehrgeiziges Projekt zu verwirklichen (ebd. S.14). In Reggio Emilia hörte der Grundschullehrer LORIS MALAGUZZI von dem Aufbau des Kindergartens. Das Engagement der Bevölkerung begeisterte ihn laut DREIER dermaßen, dass er in Villa Cella blieb, die Arbeiten begleitete und dokumentierte. Er konnte beobachten, dass „*Die Frauen in Villa Cella zu den eigentlichen Protagonisten einer neuer Erziehung für Kinder wurden, die bisher nicht in den hohen Schriften der Pädagogik verzeichnet war, weil sie vor allem den Dialog und die Kommunikation in den Mittelpunkt stellte und zusammenfügen wollte, was sonst in den Kindergärten getrennt war: das Kind, seine Familie und seine Umgebung*"[37] (ders. zit. nach DREIER 1999, S.18).

MALAGUZZI gilt heute als Begründer der Reggio-Pädagogik, er übernahm in seiner späteren Funktion als Leiter des Koordinationsbüros der kommunalen Kindereinrichtungen in Reggio Emilia den im Engagement der Eltern und Bevölkerung von Villa Cella ausgedrückten Wunsch, den zerstörerischen Erfahrungen des Zweiten Weltkrieges lebensbejahende und neue Erziehungsformen entgegenzusetzen. Den Grundstein für das pädagogische Konzept der Reggio-Pädagogik legte die Bevölkerung in Villa Cella 1945 in ihrem gemeinschaftlichen Dialog und Austausch über die Formen und Inhalte der Kindererziehung. Die Überzeugung, dass öffentliche Kindererziehung eine gemeinschaftliche Aufgabe ist, die eine enge Verbindung zwischen allen Beteiligten vorsieht, ist bis heute eine der Besonderheiten der Reggio-Pädagogik (ebd. S.18f).

Auf Initiative der Bürger entstanden am Vorbild des Kindergartens „XXV Aprile" in der Folgezeit weitere Kindergärten, in denen je nach Einzugsgebiet alle Bevölkerungsschichten vertreten waren. Doch gesetzliche Regelungen untersagten die Einrichtung kommunaler und staatlicher Kindertagesstätten und räumten der Katholischen Kirche eine Vormachtsstellung in der Trägerschaft ein (KRIEG 1993, S.15). Die Kindertagesstätten in Reggio Emilia bildeten eine Ausnahme. Begründet sieht GÖHLICH dies in den politischen und gesellschaftlichen

---

[37] Nach dem Ende des Krieges organisierten sich die reggianischen Frauen in der "Unione donne italiene" (Vereinigung italienischer Frauen) mit dem Ziel, das städtische Leben wieder zu beleben. Gemeinsam mit dem Comitato di Liberazione Nazionale (Nationales Befreiungskomitee) nahmen sie Einfluss auf die Einrichtung der ersten sechs Kindertagesstätten in Reggio Emilia, die später von der Kommune übernommen wurden (vgl. Knauf 2000, S.182).

Besonderheiten der Stadt. Reggio Emilia zählt zu den reichsten Städten Italiens, zugleich aber auch zur „roten Region" Emilia Romagna. Ein auf Kooperation ausgerichteter, von agrarischen Genossenschaften geprägter Sozialismus beherrscht die Politik und das Leben in der Region ist bestimmt von der Gesellschaftsvorstellung eines „Vivere Insieme" – eines gemeinsamen Lebens (vgl. GÖHLICH 1997, S.184). Die Emilia Romagna ist auch das Land von Don Camillo und Peppone. DREIER sieht in dieser literarischen Karikatur des Kampfes zwischen einem katholischen Pfarrer und einem kommunistischen Bürgermeister um die Belange ihres Dorfes die gelungene Darstellung der langjährigen Auseinandersetzungen zwischen Kirche und Partei, die immer wieder in pragmatischen Friedensschließungen beigelegt wurden, ein für die Emilia Romagna typischer Umgang mit den Konflikten zwischen Kirche und Politik (vgl. DREIER 1999, S.20). Aus dieser politisch-gesellschaftlichen Grundstimmung heraus, die in der Studenten-, Arbeiter- und Frauenbewegung der 1960er Jahre noch deutlicher zum Ausdruck kam, wurden in Reggio Emilia 1963 die ersten städtischen Kindergärten gegründet. MALAGUZZI übernahm die Leitung und gab den Einrichtungen den Namen „Scuola dell' Infanzia" – Schule der Kindheit. Mit der Betonung des Kleinkindes setzte er einen deutlichen Gegenakzent zur katholischen „Scuola Materna" – der Mutterschule oder auch „mütterlichen Schule" (KRIEG 1993, S.16) und verdeutlichte die Aufgabe der Einrichtungen: es sollten Bildungseinrichtungen sein (vgl. SOMMER 1999, S.13). Da noch kein italienisches Gesetz die kommunale Kindergartengründung vorsah, brachte die reggianische Stadtverwaltung das Argument vor, dass die sozialen Dienste im Vergleich zur ökonomischen Entwicklung (zwischen 1958 und 1963 kann von einem italienischen Wirtschaftswunder gesprochen werden) hinterherhinkten. Ausgaben für Kinderbetreuung seien daher obligatorisch, weswegen die Zustimmung nichtkommunaler Behörden nicht von Belang sei. Den darauf folgenden Rechtsstreit gewann die Kommune (vgl. GÖHLICH 1997, S.186).

Auf das 1968 von der Regierung erlassene Gesetz Nr.444, das die Einrichtung von staatlichen und kommunalen Kindergärten erlaubt, folgte der Ausbau der Scuole dell' Infanzia in Reggio Emilia. 1971 folgt ein weiteres Gesetz, das die Errichtung kommunaler Krippen für Null-Dreijährige vorsah. Die Kommunen erhielten neben staatlichen Zuschüssen den Auftrag, den Aufbewahrungscharakter zu überwinden und eine ganzheitliche Entwicklung der Kinder in Verbindung mit ihrer familialen Lebenswelt zu fördern (vgl. ebd. S.187). In Reggio Emilia wurde daraufhin die erste Krippe Italiens eröffnet und im Gegensatz zum im Land üblichen Sprachgebrauch nicht als „Asilo Infantil", sondern als „Nido" benannt. Nido bedeutet Nest und steht im Verständnis der Reggianer für einen Ort der Geborgenheit, des Schutzes, des Lernens und Wachsens (vgl. SOMMER 1999, S.14). Im gleichen Jahr fand in der Stadt die erste nichtkirchliche Tagung zum Thema Kleinkindpädagogik statt. Etwa 900 Erzieherinnen nahmen auf eigene Kosten an der Tagung teil, die den Grundstein für die Entwicklung Reggio Emilias als Zentrum einer neuen Kleinkindpädagogik legte (ebd. S.187). Begleitet wurde die pädagogische Arbeit der kommunalen Einrichtungen durch Koordinationsbüros der kommunalen Kindereinrichtungen unter der Leitung MALAGUZZIS und einem pädagogischen Beraterteam (KNAUF 2000, S.182).

Ab 1970 wurden Kunsterzieherinnen in den Einrichtungen tätig, deren Arbeit heute als Besonderheit der Reggio-Pädagogik hervorgehoben wird, ebenso wie die Anstellung eines Puppenspielers, der in den Kindergärten und Krippen mitarbeitet und nahmen auf Projektarbeit und Ästhetik der Einrichtungen entscheidend Einfluss (GÖHLICH 1997, S.187).

Obwohl die kommunalen Kindereinrichtungen aus dem Gemeinschaftsverständnis der Reggianer entstanden waren, hatten sie in den ersten Jahren gegen Angriffe seitens des etablierten, traditionellen kirchlichen Erziehungswesens zu kämpfen. *„Als wir unseren ersten Kindergarten eröffneten, war es nicht leicht, überhaupt Kinder zu gewinnen. Man kannte uns einfach nicht als Erzieher, wir mußten lange in der Stadt herumfahren und an die Türen klopfen. Wir waren als Kinderfresser abgestempelt worden […]"* beschreibt MALAGUZZI die Situation (zit. nach KRIEG 1993, S.16). Der, von der Kirche angetriebene und 1976 mittels einer Fernsehdokumentation unterstützte Ablehnung setzten die Macher der kommunalen Kindereinrichtungen ein „Jahr der offenen Türen" entgegen. In öffentlichen Veranstaltungen stellten sie sich in Diskussionen den Vorwürfen ihrer Kritiker (GÖHLICH 1997, S.188; KRIEG 1993, S.16). Etwa zur gleichen Zeit begann der Austausch mit schwedischen Vertretern des Erziehungswesens, der in Kombination mit der zunächst in Reggio Emilia und Stockholm und später in Deutschland und anderen Staaten gezeigten Wanderausstellung *„Die Hundert Sprachen des - Kindes"* (REGGIO CHILDREN (Hg) 1996a),zu internationaler Bekanntheit und Begeisterung für die Reggio-Pädagogik führte (GÖHLICH 1997, S.188).

Mittlerweile reisen jährlich Besuchergruppen aus allen Kontinenten nach Reggio Emilia. Vor Ort wollen sich Erzieher, Eltern, Studenten und Wissenschaftler ein Bild der dort angewandten Pädagogik machen und mit den Mitarbeitern der kommunalen Einrichtungen diskutieren. KRIEG betont, dass diese Veranstaltungen nicht nur der Verbreitung der Reggio-Pädagogik dienen, sondern auch der Reflektion der Arbeit und deren wissenschaftlichen Vorankommen (dies. 1993, S.16).

Mitte der 1980er Jahre mussten sich die kommunalen Kindertagesstätten Italiens gegen die finanziellen Kürzungen der Regierung behaupten. In Reggio Emilia, befand sich laut GÖHLICH die Kleinkindpädagogik zu dieser Zeit auf einem Höhepunkt, was sich in der Verknüpfung von Theorie und Praxis, der Ästhetik der pädagogischen Umgebung, das Zusammenspiel von Erzieherinnen, Eltern und Bürgern des Stadtteils im Leitungsrat und die permanenten Professionalisierung des Personals ausdrückte. Durch die Sparmaßnahmen der Regierunge wurde der Besuch der Einrichtungen kostenpflichtig und der Ausbau weiterer Einrichtungen erheblich erschwert (ders. 1997, S.189). Als Abwehr gegen die Kürzungen sowie um die bis dahin von den nationalen Bildungspolitikern verwehrte Anerkennung der Reggio-Pädagogik zu erhalten, fand 1990 ein Kongress mit etwa 1500 Teilnehmern statt, unter ihnen

Persönlichkeiten wie PAOLO FREIRE und der schwedische Bildungsminister. Doch erst mit der Ernennung der kommunalen Kindereinrichtungen von Reggio Emilia als *„beste und schönste Kindergärten und Krippen der Welt"* durch die US-amerikanische Zeitschrift Newsweek begann das italienische Erziehungsministerium sich für die Reggio-Pädagogik zu interessieren (ebd. S.189). Diese Anerkennung findet ihren Höhepunkt 1996 in der Vereinbarung zwischen dem zur Organisation der Ausstellungen, Publikationen und Fortbildungen gegründeten Verein REGGIO CHILDREN und dem Erziehungsministerium, Erzieherinnen aus ganz Italien zu Fortbildung nach Reggio Emilia zu schicken und ein nationales Forschungs- und Dokumentationszentrum zu bauen (ebd. S.189f). Auch in anderen Ländern haben sich Organisationen wie etwa DIALOG REGGIO in Deutschland gegründet, um die Kontakte und Studienreisen zu koordinieren.[38]

In Reggio Emilia gibt es 13 kommunale Krippen, die 39,3 Prozent der unter Dreijährigen betreuen und 22 kommunale Kindergärten, in denen 48,6 Prozent der drei- sechsjährigen Kinder betreut werden. Dieses hohe Engagement der Kommune bewertet KRIEG als Zeichen für die Anerkennung der Bedeutung frühkindlicher Erziehung und die Verwurzlung des pädagogischen Denken und Handelns in den Einrichtungen in der Tradition und Kultur der Stadt (dies. 1993, S.17). Im Gegensatz zu anderen „Bindestrich-Pädagogiken" wie Montessori- oder Waldorf-Pädagogik (siehe Kapitel 5.1 und 5.2), hebt sich damit die Reggio-Pädagogik durch ihre kollektive Urheberschaft ab, da nicht einzelne Personen besonderen Einfluss auf das Gesamtkonzept oder einzelne seiner Elemente genommen haben (vgl. KNAUF 2000, S.182).

5.7.2 Rahmenbedingungen der kommunalen Kindertagesstätten in Reggio Emilia

Die 13 kommunalen Krippen und 22 Kindertagesstätten in Reggio Emilia werden von Eltern, Erzieherinnen und Bürgern gemeinsam geleitet. Auf diese Weise wird dem Anspruch, der gemeinschaftlichen Aufgabe einer demokratischen Erziehung nachzukommen, Folge geleistet.

Seit Bestehen der kommunalen Kindereinrichtungen wurde in Zusammenarbeit von Eltern, Erzieherinnen und Fachberatern eine umfassende Konzeption entwickelt. Diese benennt die grundlegenden Zielsetzungen und macht Vorschläge, deren Umsetzung ist jedoch nicht als

---

[38] Zum Beispiel: Dialog Reggio. Vereinigung zur Förderung der Reggio-Pädagogik in Deutschland e.V. (www.dialogreggio.de am 6.2.2008)
Verein zur Förderung der Reggiopädagogik in Österreich (www.reggiopaedagogik.eu/Verine.htm am 6.2.2008)
Reggio Children. International Center for the Defense and Promotion of the Rights and Potentials of All Children Italy (www.zerosei.comune.re.it/inter/reggiochildren.htm am 6.2.2008)
Reggio Emilia Institut Schweden (www.reggioemilia.se/ am 6.2.2008)
Dänisches Reggio Emilia Institut (www.reggioemilia.dk am 6.2.2008)
North American Reggio Emilia Alliance (www.reggioalliance.org am 6.2.2008)
Red Solare. Asosaición Latinamericana para la difusión de la propuesta educativa de Reggio Emilia y la cultura de la Infanzia (www.redsolare.com am 6.2.2008)
KAREA. Korean Association for the Reggio Emilia Approach (www.karea.or.kr/ am 6.2.2008)

feststehende Handlungsanweisung zu verstehen. Vielmehr wurde auf diese Weise ein „Regolamento" - eine Satzung - geschaffen, die eine verbindliche Grundlage und Orientierungshilfe für die praktische Arbeit darstellt ohne die einzelnen Einrichtungen zum Einhalten starrer Vorgaben zu verpflichten. DREIER bezeichnet das Regolamento als den *„ideellen Überbau"* auf dessen Basis jede Einrichtung ihre eigene *„Feinkonzeption"* entwickelt (vgl. dies. 1999, S.50). Diese individuellen Konzeptionen werden als „Progettazione" - Projektplan - bezeichnet und als Notwendigkeit betrachtet, *„ [...] da die Lebenssituationen von Kindern verschieden sind [...]"* und deshalb auch verschiedene Erziehungskonzepte nötig seien (ebd. S.50).

Im ersten Artikel des Regolamento wird mit den Worten *„Die Krippen und Kindergärten sind Einrichtungen des öffentlichen Interesses. Sie erfüllen ihren Erziehungs- und Bildungsauftrag, indem sie mit den Familien sowie den örtlichen Bezirksräten eng zusammenarbeiten"* (Regolamento degli Asili Nido e delle Scuole dell 'Infanzia del Comune di Reggio Emilia zit. nach DREIER 1999, S.50) der Anspruch einer gemeinschaftlichen Erziehung festgeschrieben. Aus dieser Festlegung folgen genaue Aufgabenbeschreibungen bezüglich der Organisation, den Bereichen der Zusammenarbeit und der zwischen allen an den Kindereinrichtungen Beteiligten (siehe dazu ebd. S. 51). Mit Artikel drei des Regolamento wird die Zielsetzung der pädagogischen Arbeit mit den Kindern bestimmt: *„Die Krippe und der Kindergarten tragen zur ganzheitlichen Entwicklung der Kinder bei, indem sie ihre intellektuellen, sozialen und affektiven Fähigkeiten unterstützen. Auch auf diese Weise wird eine reiche und harmonische Erfahrung ihres Lebens ermöglicht"* (Regolamento degli Asili Nido e delle Scuole dell 'Infanzia del Comune di Reggio Emilia zit. nach ebd. S.55).

Die „Scuole dell `Infanzia" bestehen jeweils aus drei Gruppen mit insgesamt 90 Plätzen. In jeder Gruppe arbeiten zwei Erzieherinnen und eine Wirtschaftskraft. Die Aufgabenbereiche überschneiden sich bewusst. Die Wirtschaftskraft wird in pädagogische Aufgaben miteinbezogen, übernimmt z.B. Betreuungsaufgaben während des Früh- und Spätdienstes oder kocht mit den Kindern, die Erzieherinnen putzen oder übernehmen auch andere Aufgaben.

Die „Nidi" bestehen aus vier Gruppen mit insgesamt 68 Kindern, die Gruppen sind nach dem Alter der Kinder aufgeteilt. Jeder Gruppe stehen   2, 7 Erzieherinnenstellen und ebenfalls eine Wirtschaftskraft zur Verfügung. Bei den „Lattanti" werden zwölf Kinder im Alter von drei bis neun Monaten betreut, die 14 „Piccoli"- Kinder sind zwischen neun und 16 Monaten alt, in der „Medi"- Gruppe werden 18 Kleinstkinder zwischen 16 und 24 Monaten betreut und die Gruppe der „Grandi", der 24- 36 Monate alten Kinder bietet 22 Plätze. Die Aufteilung in altershomogene Gruppen wird als sinnvoll angesehen, da gerade in den ersten drei Lebensjahren die Entwicklungsunterschiede am größten und somit auch die Entwicklungssprünge und in Abhängigkeit davon die Bedürfnisse der Kleinstkinder sehr unterschiedlich sind (LINGENAUBER 2004, S.72). Zusätzlich zum festen pädagogischen Gruppenpersonal rotieren an vier Wochentagen in den Kindergärten und an einem Tag wöchentlich in den Krippen 20

Werkerzieher; einmal in der Woche wird jede Einrichtung außerdem von einer pädagogischen Beraterin aufgesucht (vgl. HERMANN ET AL 1993, S.60). Die Leitungsaufgaben innerhalb der Einrichtung werden nach einen festen Arbeitsschema von den pädagogischen Mitarbeiterinnen übernommen. Gestützt wird diese Arbeit von der Zusammenarbeit mit den Teams der anderen Einrichtungen, dem Koordinationsbüro der Stadt, den Eltern und Bürgern. Planung und Organisation der Aktivitäten der einzelnen Gruppen wird von den jeweiligen Erzieherinnen, auf Alter und Entwicklungsstand der Kinder bezogen, selbstständig durchgeführt.

5.7.3 Grundideen der Reggio-Pädagogik

Das Ziel, Kinder zu einer demokratischen Lebensweise zu erziehen, hat in Reggio Emilia eine pädagogische Praxis entstehen lassen, die im Bild vom Kind, in den Vorstellungen von Entwicklung und Lernen, in den Gedanken zu Identität – Selbstbild – Fremdbild, der Rolle der Erzieherin und der Eltern aber auch in der Bedeutung von Licht, Schatten und Farben und dem Raum als „dritten Erzieher" ihren Ausdruck findet (vgl. KNAUF 2000, S.183). Das in Reggio Emilia bestehende Verständnis von Pädagogik stellt die Interaktion und die Erfahrungen von sozialem Austausch zwischen Kindern, Erzieherinnen und Eltern in den Mittelpunkt und spricht jedem Beteiligten Kompetenzen zu. Kinder werden als Hauptakteure ihres Lebens anerkannt, denen das Vertrauen entgegengebracht wird, dass sie die Fähigkeit besitzen, Beziehungen aufzubauen und Prozesse des Lernens zu organisieren (SOMMER 1999, S.26; siehe Kapitel 3.3.1). Freiheit und Bedeutung der kindlichen Gedanken und der Wert ihrer Arbeit und Leistungen werden wertgeschätzt. Kinder werden in Reggio Emilia als Träger aber auch als Schöpfer einer eigenen Kultur gesehen und ihre Entwicklung als ein Weg begriffen, den sie selbstständig finden und gehen müssen. Den Erwachsenen wird dabei die Rolle der aufmerksamen Begleiter zugesprochen (ebd. S.26).

Die Reggio-Pädagogik bedient sich bei ihrer theoretischen Konzeption keiner eigenen geschlossenen Theorie. Einerseits beruft sie sich auf die Erkenntnisse der modernen Entwicklungspsychologie und Sozialpsychologie (MALAGUZZI 2002 in REGGIO CHILDREN, S.28f.), zeichnet sich aber gleichermaßen durch eine Offenheit für neue theoretische und empirische Erkenntnisse aus (vgl. KNAUF 2000, S.185). Ergänzt wird die reggianische Theoriebildung durch die stetigen Beobachtungen und Dokumentationen in der Praxis der kommunalen Kindereinrichtungen (DREIER 1999, S.61).

5.7.3.1 Das Bild des Kindes

Die Reggio-Pädagogik hat ein optimistisches Bild vom Kind. MALAGUZZI bringt diesen Optimismus mit den Worten „*Kinder sind – ebenso wie Dichter, Musiker und Naturwissenschaftler – eifrige Forscher und Gestalter. Sie besitzen die Kunst des Forschens und sind sehr empfänglich für den Genuß, den das Erstaunen bereitet"* zum Ausdruck (ders. 1984, S.4). In den Augen der Pädagogen in Reggio Emilia werden Kinder mit der Fähigkeit und der Absicht, aktiv zu denken und zu handeln, geboren und gestalten ihre eigene Entwicklung und ihrer

Beziehungen zur Umwelt (vgl. REGGIO CHILDREN 1996b, S.13; siehe auch Kapitel 3.1.3 und 3.3.1). Kinder bringen die genetisch vorprogrammierten Fähigkeiten, sich zu sozialisieren, zu erinnern, zu kommunizieren, Rückschlüsse zu ziehen, abzuwandeln, aufzunehmen und zu verstehen. Sie entwickeln sie und damit sich im Umgang mit Menschen, Dingen und Ideen weiter. Die Erkenntnis, dass der Prozess der Wahrnehmung durch die sozialen Bereiche in denen das Kind sich befindet, angeregt und gesteuert wird, bestimmt die pädagogische Konzeption und Praxis der kommunalen Kindereinrichtungen in Reggio Emilia (HERMAN ET AL 1993, S.25). Die Erwachsenen richten ihre Aufmerksamkeit deshalb auf die vielfältigen Potentiale und Wege der Kinder beim Entdecken und Erforschen der Welt und verstehen sich selbst als deren Begleiter (vgl. DREIER 1999, S.59).

Besonders die Interaktionen zwischen Gleichaltrigen werden in Reggio Emilia als bedeutend anerkannt. Das Kind wird als Teil der Gesellschaft betrachtet, für den das Zusammenleben im sozialen Gefüge der Kindertagesstätte „[…] *eine Freude, eine Notwendigkeit, ein Muß eben* […]" darstellt (vgl. KRIEG 1993, S.24). Freundschaften, die Kinder innerhalb ihrer Kindertagesstätte knüpfen werden als wertvolle Ressource für ihre Entwicklung bewertet und gefördert, da sich die Interaktionen zwischen Gleichaltrigen in authentischen Formen vollziehen, in denen sie die eigene Veränderung in den anderen erkennen können (vgl. REGGIO CHILDREN 1996b, S.14).

Kindliche Entwicklung als Prozess innerhalb der Gemeinschaft findet trotz der „Sprachlosigkeit" durch die noch nicht ausgeprägte verbale Sprache in den ersten drei Lebensjahren nicht „sprachlos" statt. „*Auch in der Geschichte der Kinder fällt kein einziges Wort, nur Laute, Gemaunze, Gelächter und überschwängliches Geschrei sind zu hören. Dennoch diskutieren sie, verständigen sich über gemeinsame Strategien, streiten und versöhnen sich, versetzen sich Klapse – zum Ausdruck ihres Einverständnisses und Glücks […]. Das Wort als solches gibt es nicht, aber andere Formen von Sprache verbinden die Kinder miteinander wie ein unsichtbarer Fluß*" (ebd. S.11). Bereits von Geburt, so die Überzeugung der Reggianer, verfügen Kinder über 100 Sprachen (ebd. S.9). In den „*Hundert Sprachen des Kindes*" (siehe das gleichnamige Gedicht von MALAGUZZI im Anhang 8.5) drücken sie alle ihre Emotionen, Gedanken, Wahrnehmungen und Ideen aus. Die „Hundert Sprachen" stehen symbolisch für die vielfältigen Ausdrucksmittel, derer Kinder vor und neben der verbalen Sprache mächtig sind (vgl. LINGENAUBER 2007, S.19). Wahrnehmungs- und Ausdrucksförderung zählen deshalb zu den zentralen Prinzipien der Reggio-Pädagogik: Kinder sollen die Möglichkeit erhalten, ihren Eindrücke von der Welt einen individuellen und kreativen Ausdruck zu geben (GÖHLICH 1997, S.192). Dazu benutzen sie ihre Hände, modellieren, malen und bauen, nutzen ihre Fantasie, erfinden Geschichten, die sie immer wieder neu erzählen, ergründen die Welt in ihren Gedanken und drücken ihre Gefühle in Gesten aus (LINGENAUBER 2007, S.19). Die reggianischen Pädagogen möchten jedoch keinen Kult oder eine Idealisierung von Kindheit betreiben, sondern wirkliche Kenntnisse über die Kinder gewinnen und sie in ihren spezifischen Lebenserfahrungen verstehen lernen (vgl. DREIER 1999, S.61).

Die Pädagogen in Reggio Emilia sehen die Kinder als aktive Konstrukteure ihres eigenen Wissens und das von Geburt an (vgl. KRIEG 1993, S.23). Die Reggio-Pädagogik hat es sich zur Aufgabe gemacht, dem Kind die Erfahrungen zu ermöglichen, die es für seine Selbstbildung benötigt. Dies bedeutet eine rigorose Abkehr von der Vorstellung, Kinder durch vorgefertigtes Erkenntnisse oder festgelegtes Wissen bilden zu wollen: *„Es besteht kein Grund zur Eile. Die Kinder haben Zeit nachzudenken, auszuprobieren, zu finden, Ideen und Strategien zu entwickeln und zu verwerfen"* (MALAGUZZI 2002a REGGIO CHILDREN, S.15; vgl. Kapitel 4.1). Auf ihrer Suche nach Fragen und in ihrem Erstaunen über die Welt greifen die Kinder auf ihre angeborenen Potentiale zurück. Doch, wie auch ein Handwerker mit dem richtigen Werkzeug ausgestattet noch kein Meister ist, […] *bedarf die kindliche Entwicklung der hundert Sprachen mehr als den reinen Besitz der Potentiale"* (LINGENAUBER 2007, S.26). Dazu benötigen die Hilfestellung der Erwachsenen, die die Selbstständigkeit achten und falsche Antworten aushalten, stehen lassen und Möglichkeiten finden müssen, wie Kinder aus eigener Erkenntnis zu „richtigen Antworten" kommen (vgl. MALAGUZZI 2002a, S.15f). Das Bild des Kindes in der Reggio-Pädagogik ist also von der Antinomie zwischen dem Anspruch auf völlige Freiheit in Wahrnehmung, Gestaltung und Darstellung und dem gleichzeitigen Bedürfnis nach Strukturierung und Unterstützung geprägt (HERMAN ET AL 1993, S.25).

5.7.3.2   Die Rolle der Erzieherin

Das kompetente Kind ist in der Entwicklung seiner Potentiale auf die Unterstützung kompetenter Erwachsener angewiesen. MALAGUZZI betont die Freude an der Zusammenarbeit mit Kindern und Erwachsenen, die Fähigkeit zu reflektieren, Projekte zu entwickeln, zu diskutieren und zu forschen (vgl. MALAGUZZI 1997 in GÖHLICH, S.199) und drückt damit die Vielfalt der Aufgaben aus. Die reggianischen Erzieherinnen als Wegbegleiterinnen, Forscherinnen, als hörende und sehende Zeuginnen kindlicher Entwicklung (LINGENAUBER 2007, S.29ff). In vielfältiger Weise ermutigen und bestärken sie die Kinder beim Lernen mit vorsichtigem Eingreifen, was z.B. in der Geschichte *„Der Streich des Vögelchens"* deutlich wird: Der an einer Fensterscheibe im Kindergarten Diana befestigte Papiervogel warf einen Schatten auf den Fußboden eines Gruppenraumes. Die Kinder entdeckten den Besucher und wollten ihn festhalten. Dazu klebten sie einen Käfig aus Klebestreifen über den Schatten. Nachdem sie vom Spielen zurückkamen, sahen sie dass der Vogel sich befreit hatte, sie legten ihm Krümel hin und beobachteten wie er auf den Boden kam. Doch er fraß und trank nichts und ließ sich auch von einem steinernen Haus und einer Fernsehecke nicht zum Bleiben bewegen. Die etwa vierjährigen Kinder konnten sich das Verhalten des Vogels nicht erklären und suchten Rat bei älteren Kindern. Auf deren Hinweis, der Vogel würde in Anwesenheit von Menschen sein Geheimnis nicht preisgeben, beobachteten die Kinder den Besucher aus einem Versteck.

Doch auch so erhielten sie keine Antwort. Ein bisher unbeteiligtes Kind stieß zur Gruppe und klärte die Kinder auf, ihr „Gast" sei der Schatten des Papiervogels an der Scheibe. Die Erzieherinnen hatten die Kinder aufmerksam beobachtet und machten sie zum Ausgangspunkt für vielfältige Projekte zum Thema Licht und Schatten (siehe Fotodokumentation des „Streich des Vögelchens" in REGGIO CHILDREN 2005, S.50ff). Die Erzieherinnen folgen bei ihren Planungen keinem festen Lehrplan, sondern sie nehmen die Interessen der Kinder war und schließen sich ihren Aktivitäten an. Beruhend auf dem Erlebnis der Kinder in ihrem „Erkundungsspiel" (vgl. KNAUF 2000, S.191,) und ihren darin entstandenen Fragen und Erkenntnissen entwickeln die Erzieherinnen Projekte. Diese basieren also auf dem authentischen Interesse und den konkreten Erlebnissen, wie der Begegnung mit dem Schattenvogel, der Kinder und können je nach Thema von unterschiedlicher Dauer sein (KNAUF 2004 in LINGENAUBER, S.115). Der Besuch des Schattenvogels macht außerdem deutlich, dass in den reggianischen Kindertagesstätten Projekte mit den Spielaktivitäten der Kinder verknüpft sind. GIANNO RODARI, der 1972 als Berater und Fortbildner für die kommunalen Kindereinrichtungen arbeitete, formuliert das Verständnis dieser Verbindung wie folgt: *„Das Spiel ist [...] schöpferische Aufarbeitung, ein Prozess, durch den das Kind die Gegebenheiten der Erfahrung miteinander verbindet, um eine neue Realität zu konstruieren"* (zit. nach KNAUF 2000, S.191). Aufgrund der unterschiedlichen Ausgangspositionen gibt es jedoch keine standardisierten Projektabläufe in Reggio Emilia. Die Prozess-Struktur, so KNAUF, lebt vielmehr von der variierenden Wiederholung der Momente: Wahrnehmung- Reflexion - Aktion – Kommunikation (ders. 2004, S.115). Auf diese Weise arbeiten die Erzieherinnen nach dem von Malaguzzi benannten Prinzip *„Mit dem Kind arbeiten, aber nicht autoritär. Es gibt keine unvermittelte Spontaneität, sondern es ist ein Prozess, in dem das Kind Wahlmöglichkeiten hat"* (MALAGUZZI 1985 in BEZIRKSAMT SCHÖNEBERG VON BERLIN (Hg.), S.49). Von den Erzieherinnen erwartet diese Projekt-Arbeit, die keine Sonderveranstaltungen darstellen, sondern zu den Alltäglichkeiten der Praxis gehören, Beobachtungsgabe, Kommunikationsbereitschaft und Flexibilität (vgl. KNAUF 2004, S.115).

Zur Beantwortung komplexer Fragestellungen erhalten die Kinder von den Erzieherinnen „Wissens- und Kompetenzleihgaben". Diese Leihgaben sollen den Kindern nicht Antworten geben, sondern als Impuls auf ihr eigentätiges Forschen wirken, dies kann z.B. durch die Hervorhebung von Unstimmigkeiten in den aufgestellten Theorien geschehen (vgl. LINGENAUBER 2007, S.33), denn *„Reggio-Pädagogik ist eine Pädagogik des Forschens, nicht der Wahrheit"* (MALAGUZZI 1985, S.49). Mit Hilfe der Dokumentation anhand von Kassettenrekordern, Notizen, Fotos und Videoaufzeichnungen halten die Erzieherinnen ihre täglichen Beobachtungen fest und sichern sich verschiedene Zugangsweisen zu den Kindern (KNAUF 2000, S.194). Die Dokumentationen von alltäglichem Abläufen, den Projekten und Besonderheiten erworbenen Zeugnisse der Ideen und Interessen der Kinder werden von Erzieherinnen für die Reflexion und die Planung ihrer Arbeit genutzt. Sie bieten ihnen die Möglichkeit bieten, gemeinsam mit den Kolleginnen, die Äußerungen und Ausdrucksformen zu interpretieren. Aufbauend auf diesem Wissen stellen die Erzieherinnen in Abstimmung auf die Bedürfnisse der Kinder unterschiedliche Ressourcen für deren Entwicklung bereit (ebd. S.194). In die Dokumentation der Projekte werden die Kinder miteinbezogen, die Entwicklung ihrer Vorstellungen, Entdeckungen und Erkenntnisse bilden die wesentlichen Elemente. So erfahren die Kinder parallel zum Projektverlauf Wertschätzung und Rückmeldung, ebenso bietet sie ihnen die Möglichkeit des Sich-Erinnerns (KNAUF 2004, S.117).

Die Erzieherinnen wissen, „[...] *dass ihre Arbeit mit den Kindern umso mehr Spuren hinterlässt, je besser sie im Hinblick auf eine gemeinsame Verantwortlichkeit mit den Familien zusammenarbeiten*" (MALAGUZZI 1997, S.199). Sie bauen Beziehungen zu den Familien aufzubauen und zu erweitern diese und machen Kindertagesstätten zu einem Ort „[...] *wo man gerne hingeht, wo man sich wohlfühlt*" (ders. 1985, S.71).

5.7.3.3   Die Rolle der Eltern

Im reggianischen Verständnis von Erziehung sind die drei Gruppen, Kinder, Erzieherinnen und Eltern Hauptakteure der Erziehung. Gemeinschaftlich bilden diese drei „Systeme" das „konstituierende Sozialaggregat" der Reggio-Pädagogik. LINGENAUBER, die diesen Begriff eingeführt hat, versteht darunter ein System das sich aus den genannten Systemen zusammensetzt. Zusammen bilden sie eine Einheit und damit die Grundlage der pädagogischen Praxis Reggio Emilias (vgl. dies. 2007, S.10). Eltern wird in diesem Sinne wesentliche Bedeutung für das Leben ihrer Kinder in den kommunalen Einrichtungen und die dort stattfindende Erziehung beigemessen. Erziehung in der Familie und Erziehung in der Kindertagesstätte werden nicht als nebeneinander existierende Prozesse verstanden, sondern als ein gemeinschaftlicher Prozess (ebd. S.44). SERGIO SPAGGIARI, der pädagogische Direktor der kommunalen Kindereinrichtungen von Reggio Emilia, drückt es mit den Worten aus: „*Man kann keinen Kindergarten ohne Eltern machen. Die Eltern müssen akzeptiert werden, man muß sie suchen, man muß auf sie zugeh*en" (zit. nach KRIEG 1993, S.100). Die sich daraus ergebende Zusammenarbeit findet auf drei Ebenen statt: in den Leitungsräten, in der Einbindung in Projekte und alltägliches Geschehen und in der partnerschaftlichen Partnerschaft in der Erziehung des einzelnen Kindes (ebd. S.100).

Wie den Kindern und Erzieherinnen werden den Eltern ausdrücklich Kompetenzen zugesprochen, die sie als unentbehrlich für das Miteinander auszeichnen. Sie werden als Fachleute für ihr eigenes Kind gesehen, die die Erzieherinnen mit dem nötigen „Fachwissen" über das einzelne Kind versorgen können. Sie kennen die Gewohnheiten und Bedürfnisse des Kindes und geben über seine Lebensgeschichte und kulturellen Beziehungen Auskunft (LINGENAUBER 2000, S.45). Indem die Erzieherinnen diesem Wissen Bedeutung beimessen, geben sie den Eltern die Möglichkeit, sich in die gemeinschaftliche Erziehungsaufgabe einzubringen und dieses Fachwissen kann in den pädagogischen Alltag produktiv eingebunden werden (ebd. S.49).

Mit vielfältigen Angeboten werden Eltern in das Einrichtungsgeschehen eingebunden und bringen sich selbst ein. Elternabende werden mit gemeinsamen Abendessen verbunden. Die Vorbereitung und Durchführung von Festen, die oft an Stadtteilfeste angegliedert sind, werden von Eltern übernommen, sie nehmen an Fortbildungen und Diskussionsveranstaltungen teil und bekommen in Werkstattangeboten und Puppenspielerkursen die Möglichkeit, selbst in der Kindertagesstätte kreativ tätig zu werden. An Wochenenden engagieren sie sich bei der Gestaltung der Außenanlagen, beschaffen Verkleidungsutensilien und begleiten die Gruppen bei Ausflügen (vgl. KRIEG 1993, S.103). Diese zahlreichen Anlässe der Mitarbeit ermöglichen eine ständige Kommunikation zwischen Kindern, Eltern und Erzieherinnen und lassen die Kultur der Eltern in die Einrichtungen einfließen. Mit ihren persönlichen Kompetenzen, sei es das handwerkliche Können einen Teich anzulegen oder neue Vorhänge zu nähen oder das Engagement im Leitungsrat, nehmen sie teil und gestalten das Leben ihrer Kinder in diesen Einrichtungen (vgl. KRIEG 1993, S.105). LINGENAUBER weist darauf hin, dass die Zusammenarbeit der Erwachsenen nicht einseitig auf das Kind wirkt, sondern sich auch ein Wirkungszusammenhang vom Kind in Richtung der Eltern und Erzieherinnen feststellen lässt. Die Gemeinschaft der Kinder wird in diesem Sinn als Modell für die Zusammenarbeit der Erwachsenen gesehen (dies. 2007, S.53).

In der Kooperation und dem Zusammenwirken zwischen den Eltern, Erzieherinnen und den Kindern werden die Kindereinrichtungen Reggio Emilias ihrem Anspruch gerecht, Strukturen für permanente Kommunikation und Interaktion zu bieten und damit Gesprächspartner, Diskussionsort und Vermittler für Erziehungsfragen zu sein.

5.7.3.4   Der Raum als „dritter Erzieher"

Der Raum ist in Reggio Emilia Teil des pädagogischen Konzeptes. Über die Mauern der Kindertagestätten hinaus wird dazu auch das von den Kindern selbstständige erschließbare Umfeld gezählt, die Straßen, Plätze, öffentliche Gebäude, Parks, Gärten, Äcker und Wiesen. Die Kinder bringen sich durch ihre Präsenz im Alltagsleben der Stadt in die Welt der Erwachsenen ein und treten mit ihr in Kommunikation (vgl. KNAUF 2000, S.195).

Die Architektur der einzelnen Einrichtungen ist auf diese Öffnung zum Leben in der Stadt und der Erwachsenenwelt ausgelegt. Große, bis auf den Boden reichende Fensterflächen Ein- und Ausblicke: „In Reggio sind Kindergärten und Krippen eine Art Aquarium: Man kann jederzeit hinaussehen, und von draußen haben alle Einblick, um verstehen, was da drinnen geschieht" (KNAUF 2000, S.195). Auch innerhalb der Einrichtung setzt sich diese Transparenz durch Fenster auf Kinderhöhe in den Türen in die Ateliers, Küchen und die einzelnen Gruppen fort.

Der Eingangsbereich wird als Visitenkarte der Einrichtung verstanden. Im Stil der italienischen Piazza ist er Ort der Begegnung und Kommunikation, mit Turn- und Klettergerüsten, Podesten und Verkleidungsnischen, Spiegelflächen und vielen anderen Dingen zum Spielen und Ausprobieren, also der zentrale Spielplatz der Einrichtungen (vgl. KRIEG 1993, S.37). Sitzecken, Infotafeln und Kunstausstellungen bieten außerdem den Erwachsenen ihren Platz. Bringen und Abholen finden in diesem Rahmen in einer für alle angenehmen Atmosphäre statt und erleichtern den Kindern den täglichen Übergang von den Eltern in die Einrichtung. Von der Piazza aus gelangt man in die unterschiedlichen Teilbereiche, den Essbereich, das Atelier, die Bibliothek und die Gruppenräume. Es gibt jedoch keine Flure, da diese als isolierend empfunden und deswegen nach Möglichkeit gemieden werden (vgl. www.uni-koeln.de am 29.1.2008). Auch dem Essbereich wird in den kommunalen Einrichtungen Reggio Emilias eine besondere Bedeutung beigemessen. In den „Restaurants" sind die Tische in kleinen Gruppen angeordnet und mit Stofftischtüchern ausgestattet. Porzellangeschirr, Blumen auf den Tischen und ein Fotospeiseplan schaffen eine gemütliche Atmosphäre (vgl. KRIEG 1993, S.40). Vom Restaurant aus ist die Küche gut sichtbar und zugänglich. Gemeinsam mit der Köchin, die als wesentlicher Teil des pädagogischen Teams gesehen wird, können Kinder hier das Essen zubereiten und ein Stück des Erwachsenenalltags miterleben (ebd. S.42). Die Versorgung der Kinder mit nahrhaftem und gesundem Essen ist den Eltern ein wichtiges Anliegen. Die Küchen und Restaurants in den reggianischen Einrichtungen zeugen von ihrem Anspruch, dem geistigen und dem körperlichen Wohl der Kinder dienen zu wollen (vgl. www.uni-koeln.de am 29.1.2008).

Kinder, davon ist man in Reggio Emilia überzeugt, handeln erst, wenn sie sich wohl fühlen: *„Je sicherer sich Kinder fühlen, um so mehr werden sie fragen, werden sie eindringen und forschen wollen. Die Neugier soll immer größer werden. Alle Sinne werden angesprochen. Es ist ein Appell an die gesamte Intelligenz des Kindes"* (MALAGUZZI 1985, S.50). Mit dem Verständnis des Raumes als Ort indirekter Pädagogik, als Werkstätte in dem Kinder forschen und lernen können, werden alle Räume und besonders die Gruppenräume einladend, abwechslungsreich und freundlich eingerichtet (vgl. SOMMER 1999, S.50). Die Einrichtung in den Krippen orientiert sich außerdem an den altersbedingten Bedürfnissen der Kinder, die Struktur der altershomogenen Gruppen (siehe Kapitel 5.7.2) ermöglicht so eine Anpassung der Räumlichkeiten an die Fähigkeiten der Kleinstkinder. Im Gruppenraum der „Lattanti", die zwischen drei und neun Monaten alt sind, finden sich neben unterschiedlichen Erkundungsobjekten auch große Freiflächen, Podeste, Treppen und Laufstangen für erste Gehversuche. Kuschelecken, Matratzen und Kissen bieten gleichzeitig Rückzugsmöglichkeiten. Wie in allen Räumen der reggianischen Kindereinrichtungen finden sich auch bei den Jüngsten große Spiegel, die zum Beobachten und zur Selbstbeobachtung anregen (DREIER 1999, S.32). Der persönlichste Ort eines Kindes in der Krippe ist sein Bett, es vermittelt dem Kind Wärme, Beruhigung und Geborgenheit. Um Entspannung und Wohlfühlen zu erleichtern, werden die Betten mit der eigenen Wäsche des Kindes bezogen und auch der Schmusebär oder ein anderes Übergangsobjekt sind hier erwünscht (vgl. SOMMER 1999, S20ff).

Je älter die Kinder werden, desto differenzierter werden die Materialangebote. Dazu gehören Bau- und Konstruktionsspielsachen, Mini-Küchen, Puppenecken sowie vielfältige frei zugängliche Materialsammlungen, die zum eigenständigen Spielen anregen. Große Leinwände bieten die Möglichkeit für Schattenspiele, Verkleidungsutensilien und kleine Podeste laden zu Theaterinszenierungen ein (DREIER 1999, S.32). Die zur Verfügung stehenden Gegenstände sind fast ausschließlich Alltagsgegenstände, die Kinderküchen sind mit echtem Besteck und Porzellan ausgestattet und auch die Möbel entstammen keinem Kindergarteneinrichtungskatalog. Erzieherinnen, Werkstattleiter, Fachberater, Eltern und Künstler tragen gemeinsam mit den Kindern zur Einrichtung bei, bringen Möbel, Teppiche und Gegenstände mit (vgl. SOMMER 1999, S.18). In Größe und Funktion an die Bedürfnisse der Kinder angepasst gibt es vor allem Möbelstücke, „ […] *mit Geschichte und welche die in Geschichten eingebettet sind*" (www.uni-koeln.de am 29.1.2008). Alle Einrichtungsgegenstände werden mit der Intention ausgewählt, den Kindern als Ressourcen zu dienen und ihnen Impulse für Aktivitäten zu geben. Das Angebot vielfältiger Verbrauchsmaterialien, offen, geordnet und ästhetisch präsentiert, zeugt von dem gewollten unmittelbaren Aufforderungscharakter der Raumgestaltung (KNAUF 2000, S.197). Auch die Kinder wirken an der Gestaltung ihrer Räume aktiv mit, bestimmen z.B. welche Möbelstücke und Gegenstände am Anfang des Kindergartenjahres im neuen Gruppenraum benötigt werden. Die Ergebnisse ihres Forschens und Gestaltens werden ausgestellt und verleihen den Räumen auf diese Weise ihren spezifischen ästhetischen Charakter und spiegeln die Entwicklung der Kinder wieder (vgl. ebd. S.197).

Zu den charakteristischen Besonderheiten des Raumkonzepts der kommunalen Kindereinrichtungen Reggio Emilias gehören die Ateliers. Diese werden als Werkstätten verstanden, in denen die Kinder unter Begleitung einer hauptberuflichen Atelierleiterin „[…] *die Welt untersuchen und erforschen*" können (MALAGUZZI zit. nach KNAUF 2004, S.10). Sie dienen als übersichtlicher, geordneter Aufbewahrungsort für eine Vielfalt an Gegenständen, Gestaltungs-, Konstruktions- und Verbrauchsmaterialien und bieten den Kindern Werkzeuge und Werkstoffe. Ausgestellte Kunstwerke der Kinder, Plakate und Kunstwerke sollen die Kinder zum Betrachten, Staunen und Ideen-Entwickeln anregen. Knauf sieht in den Ateliers Parallelen zu MONTESSORIS vorbereiteter Umgebung (vgl. Kapitel 5.1): Ihre äußere Ordnung, Klarheit und Schönheit sollen auf die innere Ordnung der Kinder ausstrahlen und gleichzeitig zum Aktiv-Werden nach dem Prinzip der freien Wahl anregen (Knauf 2004, S.11).

5.7.4   Die kommunalen Krippen in Reggio Emilia

Neben den 22 Kindergärten gibt es in Reggio Emilia 13 Krippen in kommunaler Trägerschaft. In den so genannten „Nidi" (Nestern) werden in vier alterhomogenen Gruppen etwa 70 Kleinstkinder im Alter von drei Monaten bis drei Jahren betreut (siehe Kapitel 5.7.2). Mit der Altershomogenität der Gruppen soll dem schnellen Entwicklungssprüngen und den damit verbundenen Unterschieden zwischen den Kindern trotz ähnlichem Alter entsprochen werden. Zur Förderung der Kontinuität bleiben die Gruppen während ihrer Zeit in der Krippe zusammen und wechseln mit ihren Erzieherinnen gemeinsam einmal im Jahr in einen anderen, „anspruchsvolleren" Gruppenraum (LINGENAUBER 2004, S.72). Auf diese Weise wird dem reggianischen Grundsatz folge geleistet, Kinder von Geburt an als Konstrukteure ihrer Entwicklung zu begreifen und zeugt davon, dass die frühkindlichen Eigenschaften und Fähigkeiten wahr- und ernst genommen werden und die Kinder zur Weiterentwicklung angeregt werden sollen (vgl. HERMAN ET AL 1993, S.47). In den ersten drei Lebensjahren sehen die Pädagogen in Reggio Emilia als zentrale Entwicklungsaufgabe der Kinder, eine Vorstellung der eigenen Identität zu herauszubilden (vgl. KNAUF 2000, S.187). Zu diesem Zweck wurden in den Nidi viele Spiegel auf Kinderhöhe angebracht: *„Sie dienen zur Identifikation, bieten sehr gut Orientierung über sich selbst und den sie umgebenden Raum und ermöglichen die Erinnerung an schon Gesehenes. Die Förderung der Sinne ist die Vorraussetzung zum Begreifen der Umwelt"* erklärt eine Krippenerzieherin aus Reggio Emilia (in BEZIRKSAMT SCHÖNEBERG VON BERLIN (Hg.) 1985, S.94). Auch in den Nidi werden den Kindern unterschiedliche Anregungen für ihre Sinne geboten, doch die Konzentration der Arbeit mit den Kleinstkindern richtet sich vor allem auf das, was vom Kind ausgeht. *„Es wird noch nicht so viel an das Kind herangetragen, sondern wir versuchen aufzunehmen, was das Kind in sich trägt"* (ebd. S.77). Anregungen bieten kleine bewegliche Spielzeuge, Schaukeln, Klettergerüste, Rutschen und Abschnitte von flexiblen Rohren zum Rollen und Wippen, Kissen, Mobiles, Körbchen zum Hineinkrabbeln und Bilderbücher. Über die parallel möglichen Aktivitäten der Kinder mit den unterschiedlichen Gegenständen kommen sie miteinander in Kontakt, erste Kommunikation und Interaktionen entwickeln sich (HERMAN ET AL 1933, S.49). Um den „Hundert Sprachen" der Kleinstkinder gerecht zu werden, lernen sie schon in den Nidi unterschiedliche Materialien kenne. Die ersten Erfahrungen mit Ton, Papier und Farben stellen die Vorstufe für die sich entwickelnden Techniken und Wahrnehmungsmöglichkeiten dar (ebd. S.50). Auch die Werke der Jüngsten werden wichtig genommen, aufgehoben und ausgestellt und auf diese Weise ihre Bedeutung für das Selbstvertrauen der Kinder und deren Erfassung der Welt gewürdigt.

Als Basis für die Arbeit mit den Krippenkindern wird der Vertrauensaufbau zwischen Kind und Einrichtung gesehen. Dieser kann sich nur in einem Miteinander der Eltern, Erzieherinnen und dem Kind vollziehen. In Anbetracht der Tatsache, dass sich ein Kind mit Eintritt in die Krippe (oder den Kindergarten) mit vielen neuen Menschen und einer unbekannten Umgebung konfrontiert sieht, wird einer behutsamen Eingewöhnung große Bedeutung beigemessen (vgl. BEZIRKSAMT SCHÖNEBERG VON BERLIN (Hg.), S.102). In Reggio Emilia gehört dazu der Austausch über die Gewohnheiten und individuellen Bedürfnisse des Kindes ebenso, wie das Mitbringen von Übergangsobjekten und eigenem Schlafzeug für den Mittagsschlaf. Die Nidi-Erzieherinnen schätzen das Wissen der Eltern über ihre Kinder und verstehen sich als Partner der Eltern in der Erziehung und ihnen nicht überlegen. Das Verhältnis zwischen Eltern, Kindern und Erzieherinnen wird als *„Lebensgemeinschaft auf Zeit"* verstanden(vgl. LINGENAUBER 2007, S.44ff).

5.7.5 Besuch im reggio-orientierten Kinderhaus Casa Bambini in Kassel

Das Casa Bambini wurde im Jahr 2007 von der Gesellschaft zur Förderung von Kinderbetreuung e.v (GFK) in Kassel erbaut. Die GFK ist ein anerkannter Träger der freien Jugendhilfe und betreibt Kindergärten, Kinderhäuser, Horte und Betreuungen im Rahmen der Betreuten Grundschule (siehe auch www.gfk-kassel.de am 30.1.2008). Als Träger sieht sich die GFK in der Pflicht, verlässlicher Partner für Kinder und Eltern zu sein. Sie möchte den Eltern eine zuverlässige Kinderbetreuung bieten und dem Anspruch der Kinder auf optimale Förderung und Entwicklungsbegleitung gerecht werden. Alle GFK-Einrichtungen haben ihre individuellen Profile und eigenständige Konzeptionen, die auf den gemeinsamen Eckpfeilern *„Familien unterstützen, Kinder begleiten und Lernende Organisation"* basieren.

Das Kinderhaus Casa Bambini im Kasseler Stadtteil Unterneustadt wurde nach den architektonischen Ideen der Reggio-Pädagogik erbaut. In dem neuen, lichtdurchfluteten Gebäude, das auf einem ca. 800 Quadratmeter großen Grundstück steht, sind seit dem 1. September 2007 zwei Gruppen mit jeweils 20 Kindern untergebracht, die vorher in den GFK-Einrichtungen „Rote Rüben" und „Arche" betreut wurden (vgl. GFK-Zeitung FREITAG 2007, S.12).

Zehn der 40 Plätze sind für unter dreijährigen Kinder vorgesehen, außerdem bietet das Casa Bambini vier Plätze für Kinder mit Behinderung. Das Mitarbeiterinnen-Team besteht aus sechs Erzieherinnen und zwei Praktikantinnen, die eine Öffnungszeit von 7.30 Uhr bis 16.00 Uhr abdecken.

Die Orientierung an der Reggio-Pädagogik schlägt sich auf den ersten Blick in der Gestaltung der Räumlichkeiten nieder. Im Erdgeschoss befindet sich das „Bistro" mit einer offenen Küche, kleinen Tischgruppen, einer Sitzecke für Erwachsene, einem Aquarium und einer großen Fensterfront zur Straße hin. Pflanzen, Kunstwerke und schöne Lampen schaffen eine gemütliche Atmosphäre. Vom Bistro aus gelangt man in den Schlafraum für die unter Dreijährigen und in einen Gruppenraum. Typische Kindergartenmöbel stehen in der Sitzecke, von der Wand hängende Tücher teilen den Raum in eine Puppenecke und eine Verkleidungsecke, die an ein Podest anschließt. Zum Gruppenraum gehört außerdem ein kleiner „Medienraum", der mit Büchern, einem gemütlichen Sofa und einem Computer ausgestattet ist. Direkt vom Gruppenraum gelangt man in den Waschraum mit zwei Toilettenkabinen im Kinderformat, einem Wickeltisch und einem langen Waschbecken. Über das Treppenhaus gelangt man in den ersten Stock. Dort befindet sich der zweite Gruppenraum, in dem Bau- und Konstruktionsmaterial und ein rollbarer, halbhoher Tisch sowie einige Bücher und Spiele und ein kleines Laufgitter untergebracht sind. Die Materialien sind zum Teil in offenen Regalen aber auch in kinderfreundlichen Schubladenschränken untergebracht. Wie auch im unteren Raum gibt es eine große Fensterfront, die den Blick auf das Außengelände ermöglicht. Im Nebenraum dieser Gruppe befindet sich das „Atelier". Farben, Stifte, Papier und alle erdenklichen Verbrauchsmaterialien und eine Sitzgruppe bieten die Möglichkeit zum kreativen Gestalten. Auch die obere Gruppe verfügt über einen eigenen Waschraum. Über den Flur, in dem ein

Kaufladen eingerichtet wurde, gelangt man in den Mehrzweckraum, der als Bewegungsbaustelle und Ruheraum für ältere Kinder genutzt wird und das kleine Büro der Leiterin. In allen Türen befinden sich kleine Fenster, die Ein- und Ausblicke ermöglichen, die großen Fensterflächen und Oberlichter erhellen das gesamte Gebäude.

Die Gruppenaufteilung im Casa Bambini ist bewusst altersheterogen, in jeder Gruppe sind 15 Kinder älter als drei Jahre und fünf unter Dreijährige. ANDREA LÖHER, die Leiterin der Einrichtung begründet die Entscheidung, mit der Überzeugung, dass die jüngeren Kinder von der großen Altersmischung profitieren und sie von den älteren Kindern lernen können (vgl. Gesprächsprotokoll im Anhang 8.4). Die zwei Gruppen des Casa Bambini arbeiten teil-offen, das heißt, die Kinder gehören einer Stammgruppe an, bewegen sich aber über den Tag frei im Haus. LÖHER berichtet, dass der Einzug in das neue Haus, das Zusammenlegen der zwei alten Gruppen und die damit verbundene Vermischung der Kindergruppen und auch der Teams, für den Alltag im Casa Bambini bedeute, dass alles noch im Werden sei. Vieles müsste innerhalb des Teams und mit den Kindern neu verhandelt und erprobt werden und es habe sich noch keine rechte Routine eingestellt. Das Team, so LÖHER, komme aus dem Situationsansatz, geeint seien die Kolleginnen von der Haltung, das Kind als kompetent und sich selbstbildend zu sehen (vgl. ebd.). Gemeinsam hat das Team vor Eröffnung des Casa Bambini an einer mehrtägigen Fortbildung über Reggio-Pädagogik bei dem Erziehungswissenschaftler Prof. TASSILO KNAUF (Universität Duisburg) teilgenommen. Die Reggio-Orientierung so LÖHER, erfordert von den Erzieherinnen, noch mehr Zutrauen in die Fähigkeiten der Kinder, vor allem der jüngeren, zu entwickeln (ebd.). Mit dem Wissen der Fortbildung, aus den Kontakten mit anderen reggio-orientierten Einrichtungen und der Lektüre über die Konzepte der kommunalen Einrichtungen Reggio Emilias, ist, so ist sich LÖHER bewusst, im Denken und Handeln des Teams erst die Basis für die Umsetzung der reggianischen Erziehungsphilosophie gelegt: *„Man kann sich ein Konzept nicht überstülpen wie einen neuen Schuh, es wird noch eine Weile dauern, bis wir hier alle soweit sind"* (ebd.) Wie sich dieser Prozess im Alltag des Casa Bambini abzeichnet, konnte ich während meiner Hospitation erleben:

Mit der Erzieherin Daniela betrete ich den oberen Gruppenraum. Einige Jungen spielen am Konstruktionstisch, zwei Mädchen machen ein Puzzle und ein etwa einjähriges Mädchen läuft Daniela freudig entgegen. Es ist mit 13 Monaten das jüngste Kind im Casa Bambini. Jette klammert sich an die Erzieherin, will auf den Arm genommen werden, doch Daniela setzt sich zu ihr und beginnt mit ihr zu spielen. Die Tür des Ateliers geht auf, eine Mädchen kommt heraus: *"Daniela, Sergül hat sich einfach eine leere Dose genommen und beklebt."* Daniela folgt dem Kind ins Atelier. Jette, die Einjährige fängt an zu weinen und wird bei dem Versuch der Erzieherin zu folgen von zwei älteren Jungen, die mit einer anderen Erzieherin in den Garten gehen wollen, umgerannt. Verzweifelt streckt das Mädchen mir, der fremden Person, die Hand entgegen. Da kommt Daniela wieder und tröstet Jette. *„Ich werde dich jetzt gleich Wickeln. Ich mache nur noch schnell den Mädchen im Atelier Musik an. Die singen gerade so schön."* Nachdem Jette mit Daniela im Waschraum verschwunden ist, klopfe ich im Atelier an und frage die drei Mädchen im Alter von etwa 5 Jahre, ob ich mich zu ihnen setzen darf. Nachdem ich versprochen habe, dass ich mich nicht in ihre Gespräche einmische, setze ich mich auf einen Stuhl an das Ende des Tisches. Aus dem CD-Player schmettert ROLF ZUKOWSKIS „*Vogelhochzeit*", kein Kind singt. Doch alle sind damit beschäftigt sich aus den Regalen mit Materialien zu bedienen, zu kleben, schneiden und sich darüber zu unterhalten, dass die Mama eines Mädchens „*ein Baby im Bauch hat.*" Daniela hat Jette gefüttert, gewickelt und zum Mittagsschlaf hingelegt. Sie beginnt damit, im Atelier neue Materialien in die Regale einzusortieren, die Kinder unterhalten sich weiter über die Schwangerschaft der Mutter und dass sie sich auch ein Geschwisterchen wünschen. Da es bald Zeit zum Mittagessen ist, bittet Daniela die Mädchen das Atelier aufzuräumen. Widerwillig wird alles schnell an seinen Platz gestellt, die Kunstwerke werden mit Namen versehen und dann gehen wir mit der Gruppe zum Essen.

Mit dreißig Kindern sitzen wir im Bistro, der Lärm ist kaum auszuhalten. Einige Kinder sind gerade mit einer Erzieherin aus dem Wald zurückgekehrt. Sie wirken von dem Geräuschpegel wie erschlagen. An jeder Tischgruppe sitzt eine Erzieherin, doch Ruhe kehrt während des gesamten Essens nicht ein. Zum Trubel der Kinder kommen die organisatorischen Gespräche der Erzieherinnen hinzu, in denen es darum geht, wie die Kinder sich nach dem Essen aufteilen und welche Angebote die Erzieherinnen machen. Von der gemütlichen und genussvollen Atmosphäre, die man sich nach den Schilderungen der Kinder-Restaurants in Reggio Emilia vorstellt, ist das Mittagessen an diesem Tag im Casa Bambini weit entfernt. Nach dem Essen wirken Erzieherinnen und Kinder erleichtert. Die Kinder räumen das benutzte Geschirr auf einen Wagen und stürmen davon, die Erzieherinnen beenden ihre Planungen und die Wirtschaftskraft beginnt damit die Küche aufzuräumen.

Nun begleite ich die Erzieherin Anke in die untere Gruppe. Eine Praktikantin verwandelt die Kinder mit Hilfe von Schminke in Löwen und Schmetterlinge. Im Gegensatz zum Mittagessen herrscht nun angenehme Ruhe. In der Verkleidungsecke lässt sich ein etwa 5jähriges Mädchen, das mit Pumps und Federboa ausgestattet ist, vor dem Frisierspiegel von Anke die Haare machen: „*Darf es noch etwas sein, gnädge Frau?*" „ *Ja, bitte ein Wollsträhnchen*" „*Aber gerne, gnädge Frau.*" In der durch luftige Tücher abgetrennten Puppenecke spielen zwei zweijährige Mädchen miteinander. Mit Taschen beladen kümmern sie sich um ihre Puppenbabies, räumen „ihre" Wohnung auf und scheinen sehr zufrieden.

Die Ansätze der Reggio-Pädagogik sind mit der Raumgestaltung und der Raumausstattung im Casa Bambini offensichtlich, doch im Handeln der Erzieherinnen wird an vielen Stellen deutlich, wie schwer es fällt, aus eingeübten Mustern auszubrechen. Die bloße Einrichtung eines Kinder-Restaurants lässt es noch keinen Ort des fröhlichen Miteinanders und des Genusses sein und ohne die Beobachtungsgabe der Erzieherinnen ist ein Atelier auch nur ein besseres Bastelzimmer. Auch ein wöchentlich stattfindendes altershomogenes Bewegungsangebot für die unter Dreijährigen kann nicht ausgleichen, dass ihre Bedürfnisse in der Gestaltung des Casa Bambini und seiner alltäglichen Praxis keine besondere Berücksichtigung finden. Das kleine Spielgitter in der oberen Gruppe wird von den Erzieherinnen „Parkgitter" genannt, in das die Kleinstkinder gesetzt werden, wenn die Erzieherinnen zum Telefon müssen oder an anderer Stelle gebraucht werden. Anregendes Material finden die Kinder darin nicht, sondern nur typisches Plastikspielzeug. Auch die Offenheit der Gruppen und das Wechseln der Kinder und der Erzieherinnen zwischen den Räumen erwecken den Anschein von Chaos und können Kleinstkindern wohl kaum das nötige Maß an Vertrauen und Geborgenheit bieten, das sie benötigen um sich wohl zufühlen und um ihre Umgebung zu erkunden. Je älter die Kinder werden, desto besser können sie sich in die Einrichtung integrieren. Bereits die Zweijährigen spielen mit, finden sich zurecht und können ihre Bedürfnisse klar äußern.[39]

Das Team des Casa Bambini steht noch am Beginn der Reggio-Pädagogik. Der Träger sieht trotz Reggio-Orientierung hierarchische Leitungsstrukturen vor. Die Erzieherinnen haben aber untereinander Kompetenzbereiche aufgeteilt. Zu zweit oder alleine sind sie zuständig für die künstlerische Arbeit, die Bewegungsbaustelle, das Außengelände, die Raumgestaltung und die Dokumentation. Bewusst gehen die Erzieherinnen im Casa Bambini auf die Eltern zu. Das ist nicht bei allen Eltern so einfach, da etwa 40 Prozent der Kinder aus Familien mit Migrationshintergrund stammen. Informationsmaterial liegt in unterschiedlichen Sprachen aus, eine Erzieherin mit türkischer Muttersprache kümmert sich um die Beziehung zu den türkischen Eltern. Die Eltern werden besonders in die Eingewöhnungsphase mit einbezogen und sollen beim Ausbau der Ateliers im Hof aktiv mitwirken. Einmal im Quartal findet ein Gesprächsabend für Eltern der unter Dreijährigen statt. LÖHER betont, dass es aufgrund der Rahmenbedingungen, wie etwa der Trägervorgaben und einer grundsätzlich anderen Einstellung zum Thema Kindertagesstätte als Dienstleistungseinrichtung, schwierig sei, Erziehung als gemeinschaftliches Projekt zwischen Eltern und Einrichtung, wie es in Reggio Emilia praktiziert wird, umzusetzen(vgl. Gesprächsprotokoll im Anhang 8.4).

---

[39] Dazu noch eine kleine Anekdote von meinem Besuch im Casa Bambini: Erzieherin zu Mara, zwei Jahre, in ruhigem und freundlichem Ton: *„Mara, kommst du mit mir ins Bad? Du brauchst eine frische Windel."* Das Mädchen darauf laut und hysterische:" *ICH HEISSE NICHT MARA! ICH HEISSE BARBIE FANTASIA.*"

6. Ausblick

Außerfamiliäre Betreuung und Erziehung für Kinder unter drei Jahren hat sich in der jüngsten Vergangenheit von ihrem schlechten Image gelöst. Obwohl vor allem aus konservativen und kirchlichen Kreisen Kritik laut wird, wenn es um den quantitativen Ausbau der Betreuungsplätze geht, entscheiden sich immer mehr Familien für außerhäusliche Kinderbetreuung auch für die unter Dreijährigen. In der Lebensrealität der Familien wurde der Mythos, dass Kinder mindestens bis zum dritten Lebensjahr bei ihrer Mutter bleiben müssen, vom gesellschaftlichen und wirtschaftlichen Wandel überholt. Besonders das Leben der Frauen hat sich verändert. Abitur, Studium und Ausbildung sind zur Selbstverständlichkeit geworden und die Familienplanung ist eingebettet in Lebensentwürfe, die sich nicht auf die Rollenverteilung der Frau als Hausfrau und Mutter und des Mannes als Alleinverdiener reduzieren lassen wollen. Doch Frauen stehen nicht immer vor der freien Wahl, ob sie sich mit all ihrer Energie und Zeit der Erziehung ihrer Kinder widmen oder nicht. In vielen Familien müssen auch die Mütter von Kindern unter drei Jahren, also bevor ein gesetzlicher Anspruch auf Kinderbetreuung besteht, zum Lebensunterhalt beitragen. Diese Tatsache findet in der aktuellen Bundespolitik Anerkennung, die sich in dem Beschluss ausdrückt, bis 2013 Betreuungsplätze für ein Drittel der unter Dreijährigen bereit zu stellen.

Eine weitere Dimension, die Einfluss auf die Bedeutung von öffentlicher Kleinstkinderbetreuung genommen hat, ist der Versuch, politisch und pädagogisch auf die durch den „PISA-Schock" aufgedeckten Bildungsdefizite von Kindern in deutschen Schulen zu reagieren. Die politischen Bestrebungen, bereits in den vorschulischen Einrichtungen Bildungsstandards zu etablieren, werden gestützt von der Erkenntnis, dass Kinder bereits von der Geburt an kompetente und lernende Wesen sind. Es hat sich gezeigt hat, dass Kinder sowohl in ihrer kognitiven als auch in ihrer sozialen Entwicklung von qualitativ hochwertigen Betreuungsangeboten profitieren. Wesentliche Vorraussetzung frühpädagogischer Qualität stellt die Dyade Erzieher-Kind- Schlüssel, Qualifikation der Erzieher und Gruppengröße zusammen. Während meiner Besuche in der Städtischen Kinderkrippe Gleiwitzer Straße in Mainz und dem Casa Bambini in Kassel konnte ich mich außerdem davon überzeugen, dass für unter Dreijährige altershomogene Gruppen eine besondere Qualität darstellen. Mit dieser Beobachtung schließe ich mich LUDWIG LIEGLE an, der vor einer Überidealisierung der erweiterten Altersmischung, wie sie in vielen Kindereinrichtungen praktiziert wird, warnt (ders. in Kindergarten heute 6-6/2007, S.6). Als vorteilhaft werden die Flexibilität und Effektivität der altersübergreifenden Betreuung, die Kontinuität sowie die wechselseitige soziale und kognitive Lernanregung der Kinder beschrieben, die auf die Ideen einer kindgerechten Gemeinschaftserziehung nach reformpädagogischem Vorbild gestützt werden (ebd. S.6f). Im Casa Bambini konnte ich jedoch erleben, wie die unterschiedlichen Bedürfnisse der Kinder in altersheterogenen Gruppen aufeinanderprallen und Kinder wie Erzieherinnen gleichermaßen überfordert sind. Es stellt sich also nicht nur die Frage, wie viele Plätze für unter Dreijährige in den kommenden

Jahren geschaffen werden müssen, sondern wie diese beschaffen sein müssen, damit auch Kleinstkinder sich wohl und gut aufgehoben fühlen können und so der Weg geebnet wird für die Anregung und Förderung ihrer sozialen, emotionalen und kognitiven Entwicklung.

Frühpädagogische Qualität kann daher nicht allein durch das Schaffen von äußeren Rahmenbedingungen gewährleistet werden. Betreuung für Kinder unter drei Jahren, die mehr bieten soll als Verwahrung und Versorgung, nämlich Bildung und Erziehung - auch im Hinblick auf die durch die Integrationsdebatte in den Fokus gerückte Förderung von Kindern mit Migrationshintergrund - ist auf eine systematische Arbeitsgrundlage angewiesen. Die vorgestellten Konzepte bieten den Erziehenden eine solche Basis. Wie das Beispiel des Casa Bambini zeigt, reicht ein Konzept auf dem Papier jedoch nicht aus, um aus einer Kindertagesstätte einen Bildungsort für alle Kinder zu machen. Man kann sich ein Konzept nicht überstülpen wie einen Schuh, sagt ANDREA LÖHER, Leiterin des Casa Bambini. Auch HEIDI WETTICH, Leiterin der städtischen Kinderkrippe Gleiwitzer Straße weiß, dass man in ein Konzept hineinwachsen muss. Erziehungskonzepte dürfen also nicht verstanden werden als festgeschriebene Handlungsanweisungen, die man sich nebenbei anlesen und dann „anwenden" kann wie ein Rezept. Räumliche Veränderungen bedingen noch keine Veränderung in der Haltung und dem Denken der Erzieherinnen. Das Beispiel der städtischen Kinderkrippe Gleiwitzer Straße zeigt, dass sich die Mühe, ein Konzept zur Arbeitsgrundlage zu machen, auszahlt. Es erfordert von den Erziehenden wie im Falle der Pikler-Pädagogik bisweilen ein rigoroses Umdenken und eine Änderung des Verhaltens der Erwachsenen, was nur in einem langen, reflexiven Prozess zu verwirklichen ist.

Alle vorgestellten Konzepte stehen unter Legitimationszwang und müssen sich ständig nach außen erklären. Die permanente Aufmerksamkeit von Kritikern wie auch von Sympathisanten bewirkt neben der intensiven Auseinandersetzunge mit den theoretischen Vorstellungen innerhalb der Einrichtungen eine hohe positive Identifikation mit der eigenen Arbeit. Diese wirkt sich auf das Klima der Einrichtungen aus und stellt einen weiteren Faktor frühpädagogischer Qualität dar.

Es soll an dieser Stelle nicht ein Konzept als das Beste für eine „Bildung von Geburt an" gekürt werden, sondern die konzeptionelle Vielfalt dargestellt und auf die Bedeutung einer systematischen Arbeitsgrundlage für die alltägliche Arbeit mit Kindern unter drei Jahren hingewiesen werden: Jede Erziehungsphilosophie hat ihre eigene Geschichte und ihre besonderen Schwerpunkte, sie überschneiden sich in vielen Bereichen und setzen sich an anderen Stellen durch Besonderheiten voneinander ab.

7. Quellenverzeichnis

Literatur

Ahnert, Lieselotte (2005). Entwicklungspsychologische Erfordernisse bei der Gestaltung von Betreuungs- und Bildungsangeboten im Kleinkind- und Vorschulalter. In: Sachverständigen-komission Zwölfter Kinder- und Jugendbericht (Hg.), Bildung, Betreuung und Erziehung von Kindern unter sechs Jahren, München: Deutsches Jugendinstitut

Ahnert, Lieselotte (1998). *Die Betreuungssitutation von Kleinkindern im Osten Deutschlands vor und nach der Wende*. In: Ahnert, Lieselotte (Hg.) *Tagesbetreuung für Kinder unter drei Jahren* (S. 29-44) Hans Huber: Bern

Ahnert, Lieselotte & Lamb, Michel E. (2003).*Institutionelle Betreuungskontexte und ihre entwicklungspsychologische Relevanz für Kleinkinder*. In: Keller, Heide (Hg). Handbuch der Kleinkindforschung 3.Auflage (S. 525-564). Bern: Hans Huber

Appell, Geneviéve & David, Myriam (1995). Lóczy – Mütterliche Betreuung ohne Mutter. München: Cramer-Klett & Zeitler

Ariès, Philippe (16.Auflage,2007). Geschichte der Kindheit (16.Auflage). München: Deutscher Taschenbuch Verlag

Baacke, Dieter (1999). Die 0-5 Jährigen. Weinheim und Basel: Beltz

Barz, Heiner (1990, 2. Auflage). Der Waldorf-Kindergarten. Weinheim und Basel: Beltz

Bayrisches Staatsministerium für Arbeit und Sozialordnung, Familie und Frauen & Staatsinstitut für Frühpädagogik (Hg.) (2003). Der Bayrische Bildungs- und Erziehungs-plan für Kinder in Tageseinrichtungen bis zu Einschulung. Weinheim& Basel: Beltz Verlag

Bezirksamt Schöneberg von Berlin, Abteilung Jugend und Sport (Hg.) (1985). Dokumen-tation der Ausstellung und Fachtagung „Kleinkinder-Erziehung in Reggio´nell Emilia: Wie Kinder wahrnehmen, denken und gestalten lernen." Berlin

Böhm, Winfried (Hg.) (1971). Maria Montessori – Texte und Diskussion. Bad Heilbrunn: Julius Klinkhard

Bühler-Niederberger, Doris (2005). *Generationale Ordnung und „moralische Unternehmen*. In: Hengst, Heinz& Zeiher, Helga (Hg.). Kindheit soziologisch (S.111-133), Wiesbaden: Verlag für Sozialwissenschaften

Carlgren, Frans (1990, 6. Auflage). Erziehung zur Freiheit. Stuttgart: Freies Geistesleben

Conrad, Susanna (1999). *Theoretische Einführung*. In: Wolf, Bernhard & Becker, Petra & Conrad, Susanna (Hg.): Der Situationsansatz in der Evaluation (S. 3-13). Landau: Verlag Empirische Pädagogik

Crowther, Ingrid (2005). Im Kindergarten kreativ und effektiv lernen – auf die Umgebung kommt es an. Weinheim Basel: Beltz

Czimmek, Anna (2007). Emmi Pikler – eine „pädagogische" Kinderärztin – Aspekte ihrer medizinischen Arbeit damals und heute. www.we-ev.de/downloads/Pikler_Vortrag_05_07_de.pdf

Czimmek, Anna (1999). Leben und Werk der ungarischen Kinderärztin Emmi Pikler (1902- 1984). Dissertation. München.

Czimmek, Anna (o.J.). Emmi Pikler – eine ungewöhnliche Kinderärztin. www.we-ev.de/sensory-awareness/emmi_pikler.php am 29.12.2007

Durkheim, Emile (1922). Education et sociologie. Paris: Felix Alcan

Falk, Judit (2005, 4. Auflage). *Von den Anfängen.* In: Pikler, Emmi u.a. Miteinander vertraut werden (S.17- 30). Freiamt: Arbor

Falk, Judit (2005, 4. Auflage). *Die Einheit von Pflege und Erziehung.* In: Pikler, Emmi u.a. Miteinander vertraut werden (S.47-53). Freiamt: Arbor

Fried, Lilian & Roux, Barbara (Hg.) (2006). Pädagogik der frühen Kindheit. Weinheim Basel: Beltz

Fried, Lilian et al (2003). Einführung in die Pädagogik der frühen Kindheit. Weinheim Basel Berlin: Beltz

Fthenakis, Wassilios E. (o.J.). Der Bildungsauftrag in Kindertageseinrichtungen: ein umstrittenes Terrain?. www.familienhandbuch.de/cmain/f_Aktuelles/a_Kindertagesbetreuung/s_739.html am 31.1.2008

Gerber, Magda (2005). *Zuschauen lernen…und abwarten!* In: Pikler, Emmi u.a. Miteinander vertraut werden (S.147-152). Freiamt: Arbor

Häfner, Peter (2002). Natur- und Waldkindergärten in Deutschland – eine Alternative zum Regelkindergarten in der vorschulischen Erziehung. http://archiv.ub.uni-heidelberg.de/volltextserver/volltexte/2003/3135/pdf/ Doktorarbeit_Peter_Haefner.pdf am 20.1.2008

Hengst, Heinz & Zeiher, Helga (Hg.) (2005). Kindheit soziologisch. Wiesbaden: Verlag für Sozialwissenschaften.

Hermann, Gisela et al (1993, 5. Auflage). Krippen und Kindergärten in Reggio Emilia: Das Auge schläft bis es der Geist mit einer Frage weckt. Berlin: F.I.P.P.

Herzog, Roman (o.J.).Wissen als Ressource für Bildung. www.bundespraesident.de/top/dokumente/Rede/ix_12065.htm am 3.11.2007

Hevesi, Katalin (2005). *Echte Kooperation mit dem Säugling*. In: Pikler, Emmi u.a. Miteinander vertraut werden (S.67-70). Freiamt: Arbor

Holtstiege, Hildegard (2000, 12. Auflage). Modell Montessori. Freiburg Basel Wien: Herder

Honig, Michael-Sebastian (2003). *Institution und Institutionalisierung*. In: Fried, Lilian et al. Einführung in die Pädagogik der frühen Kindheit (S.86-121). Weinheim Basel Berlin: Beltz

Huppertz, Norbert (2004). Handbuch Waldkindergarten. Oberried bei Freiburg im Breisgau: PAIS

Hüther, G. & Bonney, H. (2002).Neues vom Zappelphillip. ADS: verstehen, vorbeugen und behandeln. Düsseldorf: Walter

Kast-Zahn, A. & Morgenroth, H. (2004). Jedes Kind kann schlafen lernen. Oberstebrink

Kelle, Helga (2005). *Kinder und Erwachsene. Die Differenzierung von Generationen als kulturelle Praxis*. In: Hengst, Heinz& Zeiher, Helga (Hg.). Kindheit soziologisch (S.83-108), Wiesbaden: Verlag für Sozialwissenschaften

Keller, Heidi (1998). *Entwicklungspsychologische Konsequenzen für eine außerfamiliäre Betreuung des Kleinkindes*. In: Ahnert, Lieselotte (Hg.). Tagesbetreuung für Kinder unter drei Jahren (S. 164-172) Bern: Hans Huber

Kiersch, Johannes (1979, 5. Auflage). Die Waldorf-Pädagogik. Stuttgart: Freies Geistesleben

Kluge, Norbert (2006). *Das Bild des Kindes in der Pädagogik der frühen Kindheit*. In: Fried, Lilian & Roux, Barbara (Hg.). Pädagogik der frühen Kindheit (S.22-33). Weinheim Basel: Beltz

Knauf, Tassilo (2006). *Moderne Ansätze der Pädagogik der frühen Kindheit*. In: Fried, Lilian & Roux, Barbara (Hg.). Pädagogik der frühen Kindheit (S. 118-129). Weinheim Basel: Beltz

Knauf, Tassilo (2004). *Projekte*. In: Lingenauber, Sabine (Hg.). Handlexikon der Reggio-Pädagogik (S. 110-117). Bochum Freiburg: Projektverlag

Knauf, Tassilo (2000). *Reggio-Pädagogik. Ein italienischer Beitrag zur konsequenten Kindorientierung in der Elementarerziehung*. In: Fthenakis, Wassilios E. & Textor, Martin R. (Hg.). Pädagogische Ansätze im Kindergarten (S. 181- 201). Weinheim Basel: Beltz

Koch, Friedrich (2000). Der Aufbruch der Pädagogik. Hamburg: Rotbuch

Kowal-Summek, Ludger (1993).Die Pädagogik Rudolf Steiners im Spiegel der Kritik. Pfaffenweile: Centaurus

Kretschmer, Jürgen & Giewald, Carsten (o.J). Können Kinder wirklich nicht mehr rückwärts laufen? Eine Untersuchung zur motorischen Leistungsfähigkeit von Grundschulkindern in Hamburg. www.erzwiss.uni-hamburg.de/Projekte/Kknrl/sld001.htm am. 5.12.2007

Krombholz, Heinz (2005). Bewegungsförderung im Kindergarten. Schorndorf: Hofmann

Laewen, Hans-Joachim & Andres, Beate & Hédevári, Éva (2007). Ohne Eltern geht es nicht (4.Auflage). Berlin: Cornelsen

Laewen, Hans-Joachim & Andres, Beate (Hg.) (2002). Bildung und Erziehung in der frühen Kindheit. Weinheim Berlin Basel: Beltz

Laewen, Hans-Joachim (2002). *Bildung und Erziehung in Kindertageseinrichtungen*. In: Laewen, Hans-Joachim & Andres, Beate (Hg.). Bildung und Erziehung in der frühen Kindheit (S. 16- 102). Weinheim Berlin Basel: Beltz

Lamb, Michael E. & Sternberg, Kathleen J. (1998). *Tagesbetreuung von Kleinkindern im kulturellen Kontext*. In Ahnert, Lieselotte (Hg.). Tagesbetreuung für Kinder unter drei Jahren (S. 14-28) Bern: Hans Huber

Leu, Hans-Rudolf et al (Hg.) (2007). Bildungs- und Lerngeschichten. Weimar Berlin: Das Netz

Liegle, Ludwig (2006). Bildung und Erziehung in früher Kindheit. Stuttgart: Kohlhammer

Lingenauber, Sabine (2007). Einführung in die Reggio-Pädagogik. Kinder, Erzieherinnen und Eltern als konstitutives Sozialaggregat. Bochum Freiburg: Projektverlag

Lingenauber, Sabine (Hg.) (2004). Handlexikon der Reggio-Pädagogik. Bochum Freiburg: Projektverlag

Malaguzzi, Loris (1985). Zum besseren Verständnis der Ausstellung. 16 Thesen zum pädagogischen Konzept. Kommentare zu den Ausstellungsthemen. Berlin: F.I.P.P.

Montessori, Mario M. (1977). Erziehung zum Menschen. München: Kindler

Miklitz, Ingrid (2005). Der Waldkindergarten. Berlin: Cornelsen

Nave-Herz, Rosemarie (2002, 2. Auflage). Familie heute. Darmstadt: Primus

Neill, Alexander Sutherland (1994). Theorie und Praxis der antitautoritärem Erziehung: das Beispiel Summerhill. Reinbek bei Hamburg: Rowohlt

Oberhuemer, Pamela & Ulich, Michael (1997). Kinderbetreuung in Europa. Weinheim Basel: Beltz

Oerter, Rolf & Montada, Leo (Hg.) (2002), Entwicklungspsychologie 5. Auflage. Weinheim Basel Berlin: Beltz

Oerter, Rolf & Montada, Leo (Hg.) (1998), Entwicklungspsychologie, 4. Auflage. Weinheim Basel Berlin: Beltz

Oswald, Paul & Schulz-Benesch, Günter (Hg.)(1980, 6. Auflage). Maria Montessori – Die Entdeckung des Kindes. Freiburg im Breisgau: Herder

Oswald, Paul & Schulze-Benesch, Günter (1978, 5. Auflage). Grundgedanken der Montessori-Pädagogik. Freiburg Basel Wien: Herder

Peuckert, Rüdiger (2002, 4. Auflage). Familienformen im sozialen Wandel. Opladen: Leske & Budrich

Pikler, Emmi u.a. (2005, 4.Auflage). Miteinander vertraut werden. Freiamt: Arbor

Pikler, Emmi (2005). *Einige Gedanken zu Sitten und Gebräuchen in der Säuglingserziehung und zum elterlichen Verhalten.* In: Pikler, Emmi u.a. Miteinander vertraut werden (S.31-46). Freiamt: Arbor

Pikler, Emmi (1989). Laßt mir Zeit. Die selbstständige Bewegungsentwicklung des Kindes bis zum freien Gehen. München: Pflaum

Pikler, Emmi (1982, 10.Auflage). Friedliche Babys- zufriedene Mütter. Freiburg Basel Wien: Herder

Qvortrup, Jens (2005). *Kinder und Kindheit in der Sozialstruktur.* In: Hengst, Heinz& Zeiher, Helga (Hg.). Kindheit soziologisch (S.27-47), Wiesbaden: Verlag für Sozialwissenschaften

Reggio Children (Hg.) (2005, 2. Auflage). Alles hat einen Schatten ausser den Ameisen. Wie Kinder im Kindergarten lernen. Weinheim Basel: Beltz

Reggio Children (Hg.) (2002). Schuh und Meter. Scarpa e metro. Wie Kinder im Kindergarten lernen. Weinheim Berlin Basel: Beltz

Reggio Children (Hg.) (1995). Ein Ausflug in die Rechte von Kindern. Aus der Sicht der Kinder. Berlin: Luchterhand

Reggio Children (Hg.) (1996a). Hundert Sprachen hat das Kind: die deutsch italienische Originalausgabe zur Ausstellung. Neuwied Kriftel Berlin: Luchterhand

Reggio Children (Hg.) (1996b). Die Kinder vom Stummfilm. Fantasiespiele zwischen Fischen und Kindern in der Krippe. Neuwied Kriftel Berlin: Luchterhand

Reich, Kersten (o.J.). Demokratie und Erziehung nach John Dewey aus praktisch-philosophischer und pädagogischer Sicht. www.uni-koeln.de/hf/konstrukt/reich_works/aufsatze/reich_52.pdf am 5.2.2008

Reyer, Jürgen (2006). *Geschichte frühpädagogischer Institutionen.* In Fried. Lilian & Roux, Susanne (Hg.), Pädagogik der frühen Kindheit (S. 268-279). Weinheim und Basel: Beltz

Reyer Jürgen & Kleine, Heidrun (1997). Die Kinderkrippe in Deutschland. Freiburg im Breisgau: Lambertus

Rittersbacher, Karl (1969). Zur Beurteilung der Pädagogik Rudolf Steiners. Basel: Zbinden

Saßmannshausen, Wolfgang (o.J). Waldorf-Kindergarten- Grundlagen und Grundanliegen des Waldorf-Kindergartens.
www.kindergartenpaedagogik.de/163.html am 14.12.2007

Schäfer, Gerd E. (2007, 2. Auflage). Bildung beginnt mit der Geburt. Ein offener Bildungsplan für die Kindertagesstätten in Nordrhein-Westfalen. Berlin: Cornelsen Verlag

Schäfer, Gerd E. (2005, 3. Auflage). Bildungsprozesse im Kindesalter. Weinheim München: Juventa

Schäfer, Gerd E. (o.J.). Einführung in die Pädagogik der frühen Kindheit. www.uni-koeln.de/ew-fak/paedagogik/fruehekindheit/texte/EinfuehrungKapitel1.pdf am 23.10.2007

Schäfer, Gerd E. (o.J). Grundlagen der Reggio-Pädagogik
www.uni-koeln.de/ew-fak/paedagogik/fruehekindheit/texte/einfuehrung06.html am 29.1.2008

Schede, Hans-Georg (2000). Der Waldkindergarten auf einen Blick. Freiburg im Breisgau: Herder

Schmidt, Alfred (1998). *Mütterliche Rollenerwartungen und Nachwuchsbetreuung in Deutschland.* In Ahnert, Lieselotte (Hg.), Tagesbetreuung für Kinder unter drei Jahren (S. 58-68). Bern: Hans Huber

Schweizer, Herbert (2007). Soziologie der Kindheit – Verletzlicher Eigen-Sinn. Wiesbaden: Verlag für Sozialwissenschaften

Senatsverwaltung für Bildung, Jugend und Sport (Hg.) (2004) Berliner Bildungsprogramm, Berlin: Verlag das netz

Sommer, Brigitte (1999). Kinder mit erhobenem Kopf. Kindergärten und Krippen in Reggio Emilia. Neuwied Kriftel Berlin: Luchterhand

Steiner, Rudolf (1979, 4. Auflage). Die Kunst des Erziehens aus dem Erfassen der Menschenwesenheit. Dornach: Rudolf Steiner

Steiner, Rudolf (1956, 2. Auflage). Die pädagogische Praxis vom Gesichtspunkt geisteswissenschaftlicher Menschenkenntnis. Bern: Troxler

Suchantke, A. (1999, 4.Auflage). *Erziehung zur Kooperation mit der Natur. Das umweltpädagogische Konzept der Waldorf-Schulen.* In: Hellmich, Achim & Teigeler, Peter (Hg.). Montessori-, Freinet-, Waldorf-Pädagogik. Weinheim Basel: Beltz

Swiderek, Thomas et al (2006). *Welten von Kinder- Alltag in institutionellen Räumen*. In: Promotionskolleg „Kinder und Kindheiten im Spannungsfeld gesellschaftlicher Modernisierung" (Hg.). Kinderwelten und institutionelle Arrangements (S.7-13). Wiesbaden: Verlag für Sozialwissenschaften

Tardos, Anna (2005). *Autonomie und/oder Abhängigkeit*. In: Pikler, Emmi u.a. Miteinander vertraut werden (S.137-146). Freiamt: Arbor

Tietze, Wolfgang (1998). *Betreuung von Kindern unter drei Jahren in den westlichen Bundesländern Deutschlands*. In: Ahnert, Lieselotte (Hg.), Tagesbetreuung für Kinder unter drei Jahren (S. 45-57). Bern: Hans Huber

Tomasello, Michael (2003), *Kulturelle Transmission. Eine Betrachtung aus dem Blickwinkel von Schimpansen und kleinen Kindern*. In: Keller, Heidi (Hg.), Handbuch der Kleinkindforschung (S.29-48). Bern: Hans Huber

Trautner, Hanns Martin (2003). Allgemeine Entwicklungspsychologie, Stuttgart: W. Kohlhammer

Vincze, Maria (2005a*). Die Bedeutung der Kooperation während der Pflege*. In: Pikler, Emmi u.a. Miteinander vertraut werden (S. 55-66). Freiamt: Arbor

Vincze, Maria (2005b). *Von der Flasche bis zum selbstständigen Essen*. In: Pikler, Emmi u.a. Miteinander vertraut werden (S.71-90). Freiamt: Arbor

Von der Beek, Angelika (2006). Bildungsräume für Kinder von Null bis Drei. Weimar Berlin: Das Netz

Von Hentig, Hartmut (1999). Bildung. Weinheim Basel: Beltz

Wanders, Sybille (2006). Schnelle Füße, kluges Köpfchen. München: Kösel

Wintersberger, Helmut (2005). *Generationale Arbeit- und Ressourcenverteilung*. In: Hengst, Heinz& Zeiher, Helga (Hg.). Kindheit soziologisch (S.181-200), Wiesbaden: Verlag für Sozialwissenschaften

Zimbardo, Phillip G. & Gerrig, Richard J. (1999), Psychologie 7. Auflage, Berlin Heidelberg: Springer

Zimmer, Jürgen (2006). Das kleine Handbuch zum Situationsansatz. Weinheim Basel: Beltz

Zimmer, Renate (2004, 14.Gesamtauflage). Handbuch der Bewegungserziehung. Freiburg Basel Wien: Herder

Zimmer, Renate & Hunger, Ina (Hg.) (2004). Wahrnehmen Bewegen Lernen – Kindheit in Bewegung. Schorndorf: Karl Hofmann

Zwiener, Karl (1994). Kinderkrippen in der DDR, Weinheim und München: Juventa

Zeitschriften

Blome, Agnes & Keck, Wolfgang (2007), Mehr Staat, weniger Mama. In Wissenschafts-zentrum Berlin für Sozialforschung (Hg.), *WZB- Mitteilungen Heft 116, Juni 2007*. S. 8-11

Haug-Schnabel, Gabriele & Bensel, Joachim (2007). *Kinder unter 3- Bildung, Erziehung und Betreuung von Kleinstkindern*. In: Kindergarten heute Spezial. Freiburg im Breisgau: Herder

Haug-Schnabel, Gabriele & Bensel, Joachim (2005). *Kinder beobachten und ihre Entwick-lung dokumentieren*. In: Kindergarten heute Spezial. Freiburg im Breisgau: Herder

Van Marwick, Maren. *Wir bauen unseren Kindergarten selbst*. In: Eltern, Nr. 7/2007 S. 64- 67

Tobias Schönpflug, *Ein Mann sieht rosa*. In: Luna – Das erste Mode- und Lifestylemagazin für die Familie, Nr.9, Herbst 2007, S. 70

Psychologie Heute compact, Heft 11. Darin: *Was ein siebenjähriges Kind wissen sollte*. Ein Gespräch mit Donata Elchenbroich. S. 34-37

Internetquellen

www.abendblatt.de/daten/2003/02/17/125010.html am 5.12.2007

www.aipl.org/page1-D.html am 29.12.2007

www.bewegungskindergarten-rlp.de/index.php?sho=3.4 am 5.12.2007

www.bmfsj.de am 14.11.2007

www.budapester.hu/index.php?Itemid=27&id=277&option=com_content&task=view am 29.12.2007

http://www.bundesregierung.de/Content/DE/StatischeSeiten/Breg/FAQ/faq-zum-elterngeld.html am 9.10.2007

http://en.wikipedia.org/wiki/Henry_Morris_(education) am 5.2.2008

www.ina-fu.de/ista/ am 9.1.2008

www.ina-fu.de/ista/content/pdf/leitbild.pdf am 9.1.2008

http://freire.de/sprachen/sprachen.html am 5.2.2008

www,loenke-berlin.de/architekturbuero/projekt_projekt6.php am 6.12.2007).

www.montessori-deutschland.de/einrichtungen.html am 3.12.2007

http://www.montessori-shop.de/anleitungen/rosa-turm-60.php

www.pikler-hengstenberg.at/emmi_pikler/institut_erfolge.htm am 29.12.2007 www.pikler-hengstenberg.at/emmi_pikler/spenden1.htm am 29.12.2007

www.stern.de/wissenschaft/medizin/:Epidemie-%DCbergewicht-Die-Welt/524828.html?eid=582962 am 5.12.2007

www.waldorfseminar.de/k-abend-kinderg.htm am 15.12.07

www.zeit.de am 14.11.2007

8. Anhang

8.1 Der Rosa Turm von Maria Montessori

Einleitung:

Der rosa Turm gehört zu den Montessori- Sinnesmaterialien. Er verdeutlicht die Größenunterschiede in drei Ebenen (Höhe, Breite, Länge) und ist er eine Vorbereitung für das Erlernen des Dezimalsystems.

Anwendung:

Mit dem Rosa Turm wird ähnlich gearbeitet, wie mit der Braunen Treppe, nur wird hier nicht in die Breite, sondern in die Höhe gearbeitet. Die Würfel werden gemischt auf den Teppich gelegt. Der Erwachsene beginnt mit dem Größten, nimmt ihn mit einer Hand auf und legt ihn vor sich hin. Dann stellt er den nächst kleineren mittig darauf. Dies wird mit allen restlichen Würfeln fortgeführt. Die Erfolgskontrolle ist hier der kleinste Würfel. Er ist das Maß für den Breitenunterschied zwischen zwei Würfeln. Wird der Turm so gebaut (bzw. die Würfel so verschoben), dass auf einer Seite die Würfelecken genau übereinander stehen, wird beim Anlegen des kleinsten Würfels immer die Breite des unteren dargestellt.

Variationen:

Alle Würfel werden gemischt auf den Teppich gelegt. „Gib mir bitte den kleinsten Würfel" (beiseite legen) „Welcher ist nun der kleinste?" (beiseite legen) „Welcher ist der größte?" Dies wird fortgeführt, bis kein Würfel mehr da ist. Man nimmt sich einige der Würfel heraus, bei geübten Kindern auch alle. „Welcher Würfel ist am schwersten?" „Welcher ist am leichtesten?" Ein Würfel wird herausgenommen und vor das Kind gestellt. „Welcher Würfel ist der nächst schwerere (-leichtere)?"

Übernommen von http://www.montessori-shop.de/anleitungen/rosa-turm-60.php am 22.1.2008

8.2 Gedächtnisprotokoll des Gespräches mit Heidi Wettich am 15. Januar 2008 in der Städtischen Kinderkrippe Gleiwitzer Straße in Mainz

1. Was unterscheidet ihre Einrichtungen von anderen Kinderkrippen?

Die Kinderkrippe Gleiwitzer Straße ist eine städtische Einrichtung. Seit 15 Jahren arbeiten wir nach dem Konzept Emmi Piklers. Dabei arbeiten wir mit Anna Tardos und anderen Mitarbeitern des Pikler-Instituts in Budapest zusammen.

Unsere Arbeit richtet sich nach den Prinzipien der Achtung vor dem Kind, der beziehungsvollen Pflege, dem freien Spiel und der autonomen Bewegungsentwicklung.

Anders als in anderen Krippen haben wir alterhomogene Gruppen. Im Babyzimmer werden Säuglinge ab acht Wochen bis Kleinstkinder im Alter von ca. 18 Monaten betreut, in der Wald-, Regenbogen- und Blumengruppe werden Kinder bis zum Eintritt in den Kindergarten betreut. In den ersten drei Lebensjahren halten wir, wie auch Emmi Pikler, die Altershomogenität an die Bedürfnisse der Kinder angepasst. Sie werden nicht von den Kompetenzen älterer Kinder abgelenkt, sondern können sich auf ihre eigene Entwicklung konzentrieren. Wenn Kinder das Kindergartenalter erreichen, dann merkt man ihnen an, dass sie auch ältere Kinder als Antrieb für ihre Entwicklung benötigen, dann halten wir eine Altermischung für sinnvoll.

Der Betreuungsschlüssel liegt im Babyzimmer bei zwei Erzieherinnen für acht Kinder und in den anderen Gruppen bei zwei Erzieherinnen für zehn oder elf Kinder.

Außerdem arbeiten wir bei der Eingewöhnung der Kinder ausschließlich nach dem Berliner Eingewöhnungsmodell INFANS.

2. Wie gelingt in ihrer Einrichtung die Vereinbarung von Konzept und alltäglicher Praxis?

Das Konzept stellt die Basis für die Arbeit mit den Kindern, jede Erzieherin muss jedoch in die achtende Haltung den Kindern gegenüber hineinwachsen.

Die Raumgestaltung mit den Spielgittern, Podesten, Wickeltischen, Sitzmöbeln und Betten entspricht den Anforderungen Emmi Piklers und wird von uns als durchdacht und sinnvoll im Alltag erlebt.

In Feinheiten, wie etwa der Einrichtung des „Knabberbetts" für auf ihr Essen wartende Kinder, weichen wir von den Vorschlägen Piklers ab. Diese Eigengestaltung ist aber eher eine Anpassung an den Alltag als eine negative Abweichung.

3. Welche pädagogischen Angebote bekommen die Kinder in ihrer Einrichtung?

Gemäß der Maxime *„Dem Kind immer etwas mehr Raum zu geben, als es ausnutzen kann"*, bereiten die Erzieherinnen in den Gruppen die Umgebung vor. Ziel ist es dabei immer, den Kindern durch die Auswahl bestimmter Dinge und Materialien freies und selbstständiges Spiel zu ermöglichen und ihre Bewegungsfreiheit zu gewährleisten. Dazu dienen auch die

Spielgitter und Türgitter. Sie sollen die Kinder nicht in ihrer Freiheit einschränken, sondern ihnen überschaubare Räume bieten, in denen sie sich ihrer Selbst sicher sein können.

Lebenspraktische Tätigkeiten wie etwa das Händewaschen, Anziehen, den Tisch decken oder das Säubern des Gummi-Stiefel-Regals sind in den Alltag integriert und die Kinder nehmen ihrer individuellen Entwicklung gemäß teil.

Die Raumgestaltung und der Einsatz der Pikler-Materialien erfolgt also immer mit der Absicht, den Kindern unterschiedliche Bewegungsmöglichkeiten, ihrem Entwicklungsstand und ihren Bedürfnissen gemäß, zu bieten.

4. Welche Ausbildung haben die Erzieherinnen der Einrichtung?

Im Gegensatz zur Montessori- oder Waldorfarbeit haben die Erzieherinnen keine gesonderte Ausbildung. Es wird zwar seit einiger Zeit eine Pikler-Ausbildung in Wien angeboten, doch die Kosten, etwa 3500€, sind für ein durchschnittliches Erzieherinnengehalt nicht zu bewältigen.

Bevor die Frauen in der Gleiwitzer Straße mit der Arbeit anfangen, lesen sie sich anhand der vorhandenen Literatur ein, danach werden sie von den Kolleginnen eingearbeitet.

5. Wie gestaltet sie die Arbeit mit den Eltern?

In Vorgesprächen werden die Eltern mit der Pikler-Arbeit vertraut gemacht. Doch nur wenige Eltern übernehmen die Ideen für ihren privaten Umgang mit den Kindern. Die Kinder können jedoch gut unterscheiden, wo sie gerade sind, welche Regeln dort gelten und passen sich dementsprechend an.

6. Wie, wann und von wem wird die Arbeit mit den Kindern geplant und vorbereitet?

Jeden Dienstag treffen sich alle Erzieherinnen und die Leitung zur Teamsitzung, dieses Treffen dient zur allgemeinen Organisation der Krippe. Einmal im Monat werden auf dieser Teamsitzung pädagogische Themen besprochen.

Jedes Erzieherinnenteam bespricht das individuelle Vorgehen für die jeweilige Gruppe, dies geschieht immer dann, wenn Lücken im Tagesablauf, z.B. während der Schlafenszeit der Kinder, entstehen.

7. Welche Aufgaben übernehmen die Erzieherinnen?

- die Pflege der Kinder (Wickeln und Füttern)
- die Gestaltung des Tagesablaufs
- die Elterngespräche und die Eingewöhnung mit den Eltern
- die Organisation des Gruppenraumes
- die Gestaltung der „vorbereiteten Umgebung"

8.3 Fotos der Pikler-Möbel, der beziehungsvollen Pflege und der autonomen Bewegungsentwicklung

Das Essbänkchen

Wickeltischaufbau mit seitlichem Gitter

Multi-Funktionshocker

Basis-Spielgitter

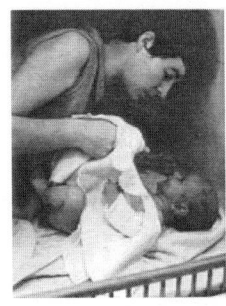

Foto: Marian Reismann
Attila, 10 Wochen
Aus: Pikler (1988), S. 149

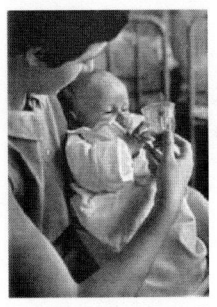

Foto: Marian Reismann
Angela, 3 Monate
Aus: Pikler u.a. (1988), S.77

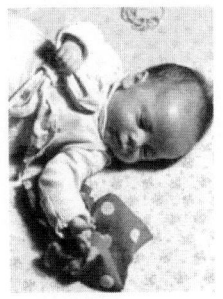

Foto: Marian Reismann
Angela, 3 Monate
Aus: Pikler (1988), S.76

Foto: Marian Reisman
Angela, 10 Monate
Aus: Pikler (1988), S.92

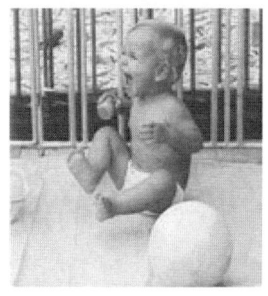

Foto: Marian Reismann
Maria, 18 1/2 Monate
Aus: Pikler(1988), S. 91

Foto: Marian Reismann
Angela, 10 Monate
Aus: Pikler (1988),S.93

8.4 Gedächtnisprotokoll des Gesprächs mit Andrea Löher, Leiterin der Kindertagesstätte Casa Bambini, am 17. Januar 2008 in Kassel

1. Was unterscheidet ihre Einrichtung von anderen Kinderkrippen?

Das Casa Bambini besteht erst seit September 2007. In diesem, an Ideen der reggianischen Architektur, angelehnten Neubau, wurden zwei bestehende eingruppige Kindertagesstätten zusammengelegt. Dadurch befindet sich die Einrichtung immer noch in einem Orientierungsprozess, vieles muss mit Team und Kindern noch oder wieder ausgehandelt werden.

Aus dem Situationsansatz kommend orientieren wir uns nun an der Reggio-Pädagogik. Dabei findet der Raum „als Dritter Erzieher" besondere Bedeutung. Beispielsweise gibt es in fast allen Türen Ausschnitte aus Glas in Kinderhöhe und alle Räume sind mit großen Fenstern versehen. Die Gruppen sind mit unterschiedlichen Materialien ausgestattet. Während in der unteren Gruppe Rollenspiel, Lesen, Musik und Ruhe im Vordergrund stehen, finden die Kinder in der oberen Gruppe Konstruktionsmaterial und bereits ein kleines Atelier. Wir arbeiten auf die Reduzierung des vorstrukturierten Spielzeuges hin, doch dies muss langsam und behutsam geschehen, da die Kinder es teilweise als Verlust wahrnehmen.

Im Casa Bambini haben wir uns bewusst für die so genannte „große Altersmischung entschieden." Ab dem Aufnahmealter mit frühestens sechs Monaten werden die Kinder in einer Gruppe mit je 20 Kindern betreut. Für die fünf unter Dreijährigen pro Gruppe sehen wir darin die Möglichkeit, von den älteren Kindern zu lernen.

2. Wie gelingt in ihrer Einrichtung die Vereinbarung von Konzept und alltäglicher Praxis?

Unser Team hier im Casa Bambini steht noch am Anfang einer an der Reggio-Pädagogik orientierten Arbeit.

Wir alle kommen aus dem Situationsansatz. Die Haltung, das Kind als kompetent und sich selbstbildend zu begreifen, ist im Team vorhanden. Doch die Erzieherinnen müssen noch mehr Zutrauen in die Fähigkeiten und die Kompetenzen der Kinder, vor allem der jungen Kinder, entwickeln.

Aber man kann sich auch ein Konzept nicht einfach überstülpen wie einen neuen Schuh, es wird noch eine Weile dauern, bis wir alle hier so weit sind.

3. Welche pädagogischen Angebote bekommen die Kinder in ihrer Einrichtung?

Unsere beiden Gruppen sind offen konzipiert. Die Kinder, auch die unter drei Jahren, können sich also im ganzen Haus bewegen und sich Spielmaterial und Spielpartner frei wählen.

Dreimal in der Woche bieten wir altershomogene Bewegungsangebote an, um so den unterschiedlichen Bewegungsbedürfnissen der Kinder entsprechen zu können.

Mit der Atelierarbeit stehen wir noch am Anfang, doch auch in diesem Bereich sollen zum offenen Angebot altershomogene hinzukommen.

Einmal in der Woche findet ein gruppenübergreifender Waldtag statt, für den die Kinder sich frei entscheiden können, und für die angehenden Schulkinder haben wir eine Schul-AG ins Leben gerufen.

Uns ist wichtig, dass Bildung und Erfahrung nicht auf Zeiten oder Räume begrenzt ist, sondern sich im ganzen Lebensraum Kindertagesstätte vollzieht.

Intensive Zusammenarbeit mit den Eltern, sie als Partner und nicht Rivalen zu verstehen, mit ihnen die Übergänge von Elternhaus in die Einrichtung und von der Einrichtung in die Schule bewusst zu gestalten, sehen wir als einen wichtigen Teil unserer pädagogischen Arbeit.

4. Welche Ausbildung haben die Erzieherinnen der Einrichtung?

Die hier arbeitenden Frauen haben eine reguläre Erzieherinnenausbildung absolviert. Hinzu bekommen bei einzelnen Weiterqualifizierungen in Theaterpädagogik und Integrationspädagogik.

Zwei der Frauen haben Sozialpädagogik studiert, werden aber natürlich auch als Erzieherinnen bezahlt.

Das feste Team wird zurzeit von zwei Jahrespraktikantinnen ergänzt, die damit ihre Erzieherinnenausbildung abschließen, und an drei Tagen in der Woche kommen zwei Sozialassistentinnen, die ebenfalls ein Praktikum im Rahmen ihrer Ausbildung absolvieren.

Vor dem Umzug haben wir mit dem Team eine mehrtägige Weiterbildung bei Prof. Tassilo Knauf zur Reggio-Pädagogik gemacht und wollen uns in diesem Bereich natürlich konsequent weiterbilden.

5. Wie gestaltet sie die Arbeit mit den Eltern?

Nachdem Eltern an einer Informationsveranstaltung im Haus teilgenommen und sich für den Eintritt entschieden haben, kommen sie gemeinsam mehrere Male mit ihrem Kind zum Hospitieren in die jeweilige Gruppe. Auf diesem Weg sollen erste Kontakte zu Erzieherinnen, zur Umgebung und zu den anderen Kindern ermöglicht werden.

Die Eingewöhnungszeit beträgt etwa vier Wochen, um den Kindern die Möglichkeit zu geben, sich an die Einrichtung, die neuen Bezugspersonen und das Getrennt-Sein von den Eltern zu gewöhnen.

Fünf Elternvertreter haben die Möglichkeit sich an Diskussionen und Entscheidungen zu beteiligen. Die Rahmenbedingungen sind, anders als in Reggio Emilia, in Deutschland leider nicht auf die Partizipation der Eltern am Geschehen der Kindertagesstätten ausgelegt. Doch wir versuchen über die Elternvertretung hinaus, sie in Projekte wie etwa den Ausbau der neuen Ateliers, einzubinden.

Für die Eltern der unter Dreijährigen findet einmal im Quartal ein Gesprächskreis statt, um ihnen einen Ort zu geben, darüber zu sprechen, was es bedeutet, so junge Kinder fremd betreuen zu lassen.

6. Wie, wann und von wem wird die Arbeit mit den Kindern bei ihnen geplant und vorbereitet?

Die konzeptionelle und organisatorische Arbeit und Planung findet im wöchentlichen Team statt, an dem alle Erzieherinnen beteiligt sind.

Die gruppeninterne Vorbereitung organisieren die Erzieherinnen in ihren Gruppen. AGs und gruppenübergreifende Angebote wie der Wald-Tag werden von den jeweiligen Erzieherinnen geplant.

7. Welche Aufgaben übernehmen die Erzieherinnen?

Obwohl der Träger hierarchische Strukturen vorsieht, wurden im Team unterschiedliche Kompetenzbereiche vergeben. Im „Tandem" oder auch alleine tragen die Erzieherinnen die Verantwortung für die Bereiche

- Innenausstattung
- Außengelände
- Künstlerische Arbeit
- Dokumentation
- Bewegungsbaustelle
- Inventur

In eigener Regie planen sie Aktivitäten in den Gruppen, führen Elterngespräche und die Eingewöhnung durch.

Im Alltag übernehmen sie als Bezugserzieherinnen für Jüngeren das Füttern und das Wickeln.

Außerdem sind sie an der Konzeptentwicklung beteiligt.

126

8.5   Und es gibt Hundert doch

Ein Kind

Ist aus hundert gemacht.

Ein Kind

Hat hundert Sprachen,

hundert Hände,

hundert Gedanken, hundert Weisen zu denken,

zu spielen,

zu sprechen.

Hundert, immer hundert Weisen

zu hören,

zu staunen,

zu lieben.

Hundert Freuden

zum Singen,

zum Verstehen.

Hundert Welten zu entdecken,

hundert Welten zu erfinden,

hundert Welten zu träumen.

Ein Kind hat hundert Sprachen,

(und noch hundert, hundert, hundert),

aber neunundneunzig werden ihm geraubt,

Die Schule und die Kultur

Trennen ihm den Geist vom Leib.

Man sagt ihm, es soll

ohne Hände denken,

ohne Kopf handeln,

nur hören und nicht sprechen,

ohne Freuden verstehen,

nur Ostern und Weihnachten

staunen und lieben.

Man sagt ihm, es soll

die schon bestehende Welt entdecken.

Und von hundert Welten

werden ihm neunundneunzig

geraubt.

Man sagt ihm, daß

Spiel und Arbeit,

Wirklichkeit und Phantasie,

Wissenschaft und Vorstellungskraft,

Himmel und Erde,

Vernunft und Träume

Dinge sind,

die nicht zusammenpassen.

Ihm wird also gesagt,

daß es Hundert nicht gibt.

Ein Kind sagt aber:

„Und es gibt Hundert doch."

Loris Malaguzzi übernommen aus Reggio Children (Hg.) 2002. Hundert Sprachen hat das Kind. S.3

Die Autorin:

Katharina Lorber, 1981 in Kirn geboren, studierte Erziehungswissenschaft und Geschichte in Gießen. Seit ihrer Schulzeit beschäftigt sie sich mit der Thematik des Holocaust, führt Gedenkstättenfahrten für Schülerinnen und Schüler nach Buchenwald und Auschwitz durch und arbeitet zurzeit als Mitarbeiterin der Ernst-Ludwig-Chambré-Stiftung zu Lich und des Kino Traumstern in Lich. 2005 kam Sohn Louis auf die Welt, die beiden leben zusammen in Lich.